pharmakon

叢書パルマコン
08

儒学者 兆民

「東洋のルソー」再考

田中 豊

創元社

儒学者　兆民

「東洋のルソー」再考

凡例

一、中江兆民の著作からの引用は全て、松本三之介・松沢弘陽・溝口雄三・松永昌三・井田進也（編）『中江兆民全集』（岩波書店、一九八三―一九八六年）に拠り、巻数頁数の順に①六七（別巻の場合は、別四四六）のように略記した。

一、*Du Contrat Social ou Principes du droit politique* からの引用は、*Œuvres complètes de Jean-Jacques Rousseau*, éd. B.Gagnebin, M.Raymond, Ⅲ, Paris, Galimarad, Bibliothèque de la Pléiade, 1964. に拠り、O.C.p351. のように略記した。

一、欧文中の … は引用者による省略を意味する。

一、原漢文に対する書き下し文とその現代語訳は、引用者による。ただし『民約訳解』もまた漢文で書かれているとはいえ、これに限り『中江兆民全集 一』岩波書店、一九八三年に収録されている島田虔次による書き下し文に拠った。また、引用に際して引用文に付されているルビを任意に省略、あるいは新たに補った。

一、*Du contrat social ou Principes du droit politique* の日本語訳については原則として拙訳である。ただし、桑原武夫・前川貞次郎（訳）『社会契約論』岩波文庫、一九五四年、および平岡昇（編）『世界の名著30　ルソー』中央公論社、一九六六年の訳文を適宜参照した。

一、引用にあたり、異体字や現代中国語における簡体字と繁体字は原則、日本の常用漢字に変換した。また、仏文については現行のフランス語表記に基づいた綴り字に変更した。

一、*Du Contrat Social ou Principes du droit politique* は、現在、日本と中国において『社会契約論』と呼称されるが、本書で対象とする時代においては一般に『民約論』で通行していた。とはいえ、本書では *Du Contrat Social ou Principes du droit politique* を指す場合は『社会契約論』の名称で統一する。むろん、引用の場合はその限りではない。

一、「兆民」は、彼が没する約十年前にはじめて用いられた号であり、本書で主に対象とする『民約訳解』は本名「中江篤介」の名義で発表された。とはいえ本書では中江篤介を、専ら中江兆民、あるいは兆民と称する。

目次

序章　「東洋のルソー」はルソーなのか？

一．「東洋のルソー」

「東洋のルソー」。明治の思想家である中江兆民に冠せられたこの名辞は、とりわけ人口に膾炙《かいしゃ》している代名詞であるといえる。それゆえ、ルソーが没して百年の後の明治の時代に生きた兆民は、ルソーの存在を無視して語り得ないのかもしれない。ところで、そもそもなぜ兆民は「東洋のルソー」と呼称されているのか。まずは、兆民の経歴を簡単に振り返ってみよう。(1)

後に、「億兆の民」を意味する「兆民」と号する中江篤介《とくすけ》（一八四七－一九〇一）は、一八四七（弘化四）年に土佐国山田町（現在の高知県高知市はりまや町）に生まれた。幼名は竹馬《ちくま》といった（篤介の「篤」の字は竹と馬から成る）。父は土佐藩足軽で元助といい、母の名は柳。「兆民」の他に「青陵」、「秋水」、「南海仙漁」などの名義で論説を発表している。一八六二年に土佐藩の藩校文武館に入り、四書五経など儒学を学ぶ。同じ頃、陽明学者の奥宮慥斎《おくのみやぞうさい》（一八一一－一八七七）に就き、『伝習録』、『王陽明全集』などで陽明学を学び、さらには『荘子』や禅についても積極的に学んでいる。(2) また萩原三圭《はぎわらさんけい》や細川潤次郎《ほそかわじゅんじろう》に就き蘭学、洋学も学んだ。(3) 細川潤次郎の推薦をうけて、英学修業のために長崎に派遣されるが、結局フランス学を平井義十郎のもとで学ぶこととなった。(4) 長崎では、当時海援隊を組織していた同郷の先輩である坂本龍馬《さかもとりょうま》(一八三六－一八六七)に出会い深い感銘を受ける。愛弟子であった幸徳秋水《こうとくしゅうすい》(一八七一－一九一一)の『兆民先生』によると、(5) 兆民は「予は当時少年なりしも、彼を見て何となくエラキ人なりと信ぜるが故に、平生人に屈せざるの予も、彼が純然たる土佐訛りの言語もて、「中江のニイさん煙艸《たばこ》を買ふて来てオーせ、」などゝ命ぜらるれば、快然として使ひせしこと屢々《しばしば》なりき」と、龍馬のために買い物に遣わされたこともしばしばあった。(6) 長崎滞在の後、江戸へ出て村上英俊《むらかみひでとし》の下でフランス学やフランス語を学ぶ。村上英俊(一八一一－一八九〇)は、もとは信濃松代藩医であり、佐久間象山《さくましょうざん》のすすめでフランス語を独学し、『仏語明要』などを編んだ幕末から明治にかけてのフランス語学の泰斗であった。(7) フランス学の始祖として名高い人物の門を叩いた兆民であったが、素行不良のためすぐに破門されている。一八六七年には、仏国領事の通訳として大坂・神戸へと転じているうちに、明治維新を迎える。維新後の兆民は、箕作麟祥《みつくりりんしょう》(一八四六－一八九七)が主宰する塾で学んでいる。また学生としてだけではなく、福地源一郎《ふくちげんいちろう》(一八四一－一九〇六)が主宰する塾では塾頭としてフランス学を教授していた。(8)

海外留学の志を長らく抱いていた兆民は、大久保利通《おおくぼとしみち》(一八三〇－一八七八)に直談判することに成功し、晴れて一八七一年に岩倉具視使節団の一員としてフランスへ留学するに至った。(9) 翌年にフランスに到着し、既に滞在していた西園寺公望《さいおんじきんもち》(一八四九－一九四〇)と現地で交流を深めている(ここでの交際は、帰国後の『東洋自由新聞』の創設につながる[10]。その後、リヨンに転じパレーなる人物[11]から、大学入学資格試験の準備として普通学（語学や一般教養など）を学ぶが、結局大学には入学していない。さらには、井田進也《いだしんや》によれば確証的な証拠はないけれども、在野の法律学者であったエミール・アコラース（Émile Acollas 一八二六－一八九一）にも学んでいる可能性があるという。兆民のフランス留学時代の生活を詳細に検討した井田は、師事しなかった事実はないとしてこの点を積極的に認めている。アコラースは、ルソーの人民主権論に批判的であり、これを展開した *Philosophie de la science politique* は兆民にも少なからず影響を与えた[12]。

一八七四年に帰国し官職に就いた兆民は、文部省（一八七四年）、東京外国語学校長（一八七五年）、元老院（一八七五年）と短期間で職を転々としている。なお、この頃にジャン＝ジャック・ルソー（Jean=Jacques Rousseau 一七一二－一七七八）の *Du Contrat Social ou Principes du droit politique*（以下、『社会契約論』と称す）の最初の翻訳である「民約論」を脱稿している[13]。この「民約論」は漢字仮名まじり体で書かれており、出版されずに写本の形態で植木枝盛《うえきえもり》や河野広中《こうのひろなか》など民権家たちの間で閲覧されていることが認められている[14]。また、この時期に兆民の思想活動が本格的に始まったといってもよく、元老院時代には勝海舟《かつかいしゅう》（一八二三－一八九九）の斡旋により島津久光《しまづひさみつ》（一八一七－一八八七）に、西郷隆盛《さいごうたかもり》（一八二八－一八七七）を担ぎ上げてのクーデターの敢行を唆《そそのか》した、いわゆる「策論」（この文書については、本書第五章で扱う）を献上した。

一八七七年には官を辞し、在野にくだり帰国直後に既に開塾していた仏学塾の経営に専念する。「仏学塾規則」には、モンテスキューやルソーのような西洋書のみならず、「明清律大宝令文章規範ノ講義」とあることからも、この塾では「和漢書」の講義も行われていた（「本塾ハ仏蘭西《フランス》書和漢書ヲ以テ法学文学ノ二科ヲ教授ス」)。そして、仏学塾の機関雑誌『(欧米)政理叢談』に掲載されたのが『社会契約論』の二度目の翻訳「民約訳解」(以下、『訳解』と称す)であった。仏学塾が民権学派としての旗幟《きし》を鮮明にするために発行された雑誌『政理叢談』に、『訳解』は第二号から第四六号まで途中の中断もはさみつつ掲載された。『社会契約論』を翻訳しルソー流の人民主権論を広く日本に本格的に紹介したとみなされる兆民は、当時の自由民権運動に多大なる影響を及ぼした人物として高く評価され、かつルソーの深い理解者として「東洋のルソー」という名辞が冠せられるに至った。

現在においても兆民を指す表現としてよく親しまれているこの言辞の背景には、兆民の思想に対する次のような認識が孕んでいる。第一に、『社会契約論』を懇切丁寧に祖述したルソーの紹介者として、言い換えると『訳解』が原著の正確な翻訳書としてである。これによって、兆民は当時において『社会契約論』に対する群を抜いた理解者で、ルソーの政治思想を日本に紹介したフランス学者として捉えられる。第二については、『訳解』は和文ではなく漢文、すなわち非常に高尚な古代中国語によって執筆されたことに関わる。『訳解』が儒学の言語である漢文で書かれたことにより、西洋思想の概念は儒学思想を媒介にして翻訳され理解されたとみなされる。結果的に『訳解』は、日本に留まらず、中国や朝鮮半島においても読者を獲得するに至った(中国における伝播については本書の補論で詳述する)。これらを踏まえると、兆民を「東洋のルソー」と称するのは、もっともなのかもしれない。

二、先行研究

ルソーの『社会契約論』の明治時代における『訳解』以外の訳書は、服部徳《はっとりとく》『民約論』（一八七七年）と原《はら》田潜《だせん》『民約論覆義』（一八八三年）の二つが存在する（先述の兆民が一八七四年頃に翻訳した「民約論」は、刊行されなかったため今は数えない）。前者は本邦初の原著の全訳であり、後者も全訳であると同時に『訳解』と同様に訳者による「覆義」、すなわち解説が付されている。ただし、フランス語に堪能でなかった服部の翻訳がしばしば論理破綻を起こしており、しかもそれを原田が参照したため、両著とも『社会契約論』理解という点においてその評価は著しく低い。

その一方で兆民の『訳解』は、服部や原田訳と異なり、現在に至ってもなお高く評価されている[15]。例えば「名訳であり、しかも全体として驚くほど正確[16]」、あるいは「明治思想史の金字塔[17]」、あるいは「今日においてさえ、『社会契約論』理解の高さで群を抜く」ものとして[18]、さらには訳のみではなく解説も付されているという点から、「ルソオ思想として把握したものを能うかぎり正確に読者に伝達」したかったものとして『訳解』は受け止められている[19]。このように『訳解』に関する先行研究の多くは、ルソーに対する群を抜いた理解とその翻訳の正確性をしばしば強調する。たしかに、「訳者緒言」で兆民自身が、「余蚤歳《そうさい》より嗜《この》みて此の書〔『社会契約論』引用者注〕を読み、久々《きゅうきゅう》にして得るところあるを覚ゆ。乃ち取りて之を訳し、其の解し難き処は従いて之に解を加え、名づけて民約訳解と曰う」と述べていたように、『訳解』は自他ともに認める翻訳書であることに違いはない。

兆民がルソーの思想を的確に理解したうえで、『社会契約論』の訳出に臨んでいたことに異論はない。明治に存した先の二つの翻訳書と比較すると、兆民がいかにルソーの深い理解者であったかは、なおより一層明瞭となるであろう。とはいえ、『訳解』は必ずしも原著の忠実な翻訳であるとはいえない。そもそも『訳解』は、原著の全訳ではなく第二編第六章まで、すなわち次章の「立法者について」以降を訳出しなかった。しかも、こうした外見上の問題のみならず、原著には明らかに存在していない文章を加筆し、あるいは原文を任意に削除している場面もみられるのである。ただしそれは、兆民が服部や原田のような誤読を犯していたことを意味するのではなく、兆民自身による戦略であった。

このような原著『社会契約論』との差異については、たしかに先行研究においても既に十分に留意がなされてきた。しかし「ややもすればこの核心的な問題と直接取り組むことを避け、もしくはこれを遠巻きにしてきた観がある」との指摘もあるように、[20]『訳解』を無批判に翻訳書として捉える傾向は依然として強い。こうした問題を承けて、山田《やま だ》博雄《ひろ お》『中江兆民 翻訳の思想』は『訳解』の全編にわたり詳細に原著と比較することによって、ルソーからの学習を通して形成された兆民の政治思想の根幹を浮き彫りにしている。このような作業は、兆民が原著の複雑な思想体系をいかにして整理していたのか、あるいはそうした整理の過程でいかなる読み替えが発生しているのかを明らかにしている。ただし同書の題が示すように、兆民が原著をいかに「翻訳」したのかという面に重点を置いているため、ルソーから乖離する兆民の姿については十分に検討が及んでいるとはいえない。また、兆民があてた訳語に焦点を当ててそこから兆民独自の思想を抽出するフランス語の文献もある。[21]

兆民はなぜルソーから離れたのか。本書では、兆民がルソーと袂を分かつ契機として、兆民の儒学思想に注目しつつ検討する。もっとも、兆民と儒学との関係についてはこれまでの研究においてもしばしば指摘されてきた。例えば米原謙《よねはらけん》は、兆民が『孟子』をはじめとする中国思想を素地としたうえで、ルソーを受容していたことについて詳細に検討していた。米原は、兆民に占める儒学の位置の重要性を夙《つと》に強調していたが、儒学が兆民にとってルソーを理解するための一つの手段として扱われている。[22] また宮城公子《みやぎきみこ》による次の一節は示唆的である。すなわち、兆民においては「在来思想」である儒学の上に欧米近代政治思想が接木されるといった単純な構造でなく、その文化接触の過程は「在来思想への回帰」であり、「新たな再構成」であった。[23] それでは、兆民はいかにして儒学の再構成を図ったのか。本書の課題は、これまで見落とされてきたこの点を明らかにすることである。

三．本書の課題

『訳解』において儒学がルソーを理解するための一手段だったとする従来の見方は、翻訳書としての『訳解』の姿を捉えるという点において、有益な視座を提供し続けてきた。儒学を媒介にルソーの政治思想を紹介したという理解に立脚すれば、『訳解』において西洋と東洋とを架橋せんとした兆民の努力過程を確認することができよう。ただし重要なことは、兆民において『社会契約論』と儒学との間で齟齬《そご》が生じたならば、優先されていたのはルソーの政治思想ではなく儒学の方であったという点である。したがって翻訳書の観点から『訳解』を捉えたならば、こうした差異は儒学を媒介とした西洋思想受容の限界を意味することになる。

しかし、本書は翻訳の限界を確認するのではなく、むしろこの点に重点を置くことによって、『訳解』が孕む思想的意義に対してその根底から再考を迫る。つまり、兆民はルソーを紹介するための手段として儒学を位置付けていたのではなく、ルソーを介して儒学を展開する儒学者であった。

『訳解』が『社会契約論』から乖離するのは兆民の誤読や誤解、あるいは儒学に基づいた翻訳という営為の限界ではなく、ルソーの政治思想という場においても儒学思想の普遍性を確認していたためであった。ただし、その際に確信されていたのは、民が主権者となり得るということであった。もっとも、人民主権は『社会契約論』においても揺るぎのない大前提であったが、それは「立法者」や「市民宗教」によって担保されていた。一方で兆民の場合は、こうした外的装置がなくとも、民の個々の内面の修養によって「君」(主権者)たり得るとみなす。つまり、民は誰しもが聖人・君子たり得るのであり、それゆえ政治の主権者たり得る。逆にいうと、政治の主権者は、儒学のいう聖人・君子のような人格者であらねばならないのであり、それが『訳解』でみられる一貫した兆民の思想的な態度であった。要するに、朱子学のいう「聖人学んで至るべし」が、兆民にとって譲歩できない根本命題であり、これを以てルソーと袂を分かつことになる。この時、民はルソーのように悲観的にではなく、儒学の文脈に応じて聖人・君子のような存在として再構成されるのであった。

『訳解』における思想営為を考察することで、これまで見過ごされてきた『社会契約論』との格闘を通じた儒学者としての兆民の真骨頂をみることができよう。本書では、『訳解』の政治思想を儒学の観点から改めて眺めることによって、『訳解』を単なる翻訳書としてではなく、兆民による一つの思想作品として評価する。こうした作業に基づき『訳解』を捉え直すことによって、『社会契約論』の翻訳者たる「東洋のルソー」という従来までのイメージを刷新し、儒学者としての兆民を提示することが本書の目的である。

近代日本政治思想史研究における儒学は「啓蒙」たる西洋思想と対置され、「伝統」たる思想としてしばしば語られてきた。[24]そのため、従来の研究においても、儒学（「伝統」）を駆使してルソーの政治思想（「啓蒙」）を見事に描写する兆民の営為が強調されてきた。しかし、兆民は決して「伝統」に基づいた「啓蒙」の紹介者ではなく、また単なる「啓蒙」の賛美者でもなかった。そうではなく、これまで「啓蒙」と対置されてきた「伝統」たる儒学の普遍性をルソーの政治思想から見出そうとしていた儒学者としての側面をみてとることができるのである。したがって、兆民を扱うことは、「啓蒙」（西洋思想）と「伝統」（儒学思想）という従来までとられてきた近代日本政治思想史研究における枠組みを書き直すうえでも意義がある。

彼はルソーの政治思想から儒学の普遍性を確認せんとした儒学者たる態度を崩さなかった。それはすなわち、「啓蒙」と「伝統」という二元的な方法で、少なくとも兆民の思想を捉えることができないことを意味する。本書は、こうした図式から脱却して、従来「伝統」として把握されてきた儒学思想が西洋思想を受容するに際して果たした役割について、兆民という一人の思想家の視点から再考を迫ろうとするものである。

第一章　「義」と「利」

『訳解』の冒頭には、「義与利果不可得合邪」（義と利、果して合するを得べからざるか）という奇妙な一節が置かれている。漢文法的にいうとこれは、末尾の「邪」により「義と利は合する」との回答を想定するような疑問文、あるいは「義と利は合しないのであろうか、いや合する」という反語文になる。ただしこれは、単に奇妙な一節として済まされるような問題ではなく、むしろ『訳解』全体に大きく関わる論点である。というのも、『訳解』の冒頭でこのように述べることによって、『社会契約論』は「義」と「利」の合一如何に関わる内容に還元されるためである。そこで本章では、兆民がルソーの思想を「義」と「利」の二項として構造的に把握し、そのうえでなぜ両者が合一しなければならないかとの考えに至ったかを検討する。

第一節　「論公利私利」の思想

『訳解』における「義」と「利」の関係性を考察するに先立ち、補助線たり得る重要な史料がある。「論公利私利」である。これは、兆民が『訳解』発表前の一八八〇年に、漢文で執筆した小論である。題にあるように、「公利」や「私利」を扱うこの文書は、漢学塾・二松学舎での漢文・漢学修業の成果物でもあった。

兆民はフランス留学からの帰国後に漢学塾・二松学舎に入り、主宰者の三島中洲《みしまちゅうしゅう》（一八三〇－一九一九）から漢学・漢文の指導を受けている。[1] 天保元（一八三〇）年、備中窪屋郡中島村（現在の岡山県倉敷市中島）の庄屋の家に生まれた中洲は、後に備中松山藩儒となる山田方谷《やまだほうこく》（一八〇五－一八七七）が主宰する牛麓舎などで研鑽を積み、方谷の薦めにより備中松山藩に仕官した。佐幕派の備中松山藩に属していたとはいえ、維新後は政府からの要請を受け司法省判事に就任する。一八七七年に大審院判事を退職し、東京の邸内に漢学塾・二松学舎を設立した。その後は東京大学教授、東京学士院会員、大審院検事を務めるなど官民を問わず多くの場面で活躍した。晩年は東宮侍講として、（後の）大正天皇と交流を深め、一九一九年に死去した。[2]

「土佐　中江篤介」の名義で発表された「論公利私利」は、一八八〇年六月五日に『二松学舎翹楚集』第二編の巻頭に掲げられた。たしかに、中洲と兆民の書簡でのやりとりは確認されず、また互いの文書中で言及されることもなかった。とはいえ『訳解』そのものが中洲から受けた学恩の最大の努力対象であるともいわれているように、両者はいわば師弟関係にあたるとみなしてもよかろう。[3] 加えて「論公利私利」は、後述するように、中洲本人による添削も受けていたように、兆民と中洲との交流を窺い知ることができる限られた史料である。

「論公利私利」は徹頭徹尾、儒学の観点から「利」に対する飽くなき探求を批判する。その冒頭では、孔子や孟子の言に基づきながら以下のように「利」が否定されている。

孔子曰く、利に放《よ》りて行えば怨み多し、と、孟子亦た云う、何ぞ必ずしも利を言わん、と、聖賢の言、微に防ぎ漸に杜《ふさ》ぐ、後世の為に憂慮すること深且つ切なりと謂うべし、故に儒者の道は尤も利を絀《しりぞ》く(4)

孔子と孟子の言（それぞれ『論語』〔里仁第四〕と『孟子』〔梁恵王上〕を出典とする）を踏まえたうえで、はじめに儒学において重要な営為は「利」を遠ざけることであると宣言される。そしてその直後で、「利なるもの義より生じ猶お義の効と曰うがごとしと云爾《しかいう》」と述べているように、「利」が全面的に排除される対象として認識されていない点は重要である。つまり、儒学における根本命題の一つである「重義軽利」の立場から兆民は議論を展開することで、「利」を全面的に否定しない。兆民によると、「利」とは「義」の効果のようなものであるため、「利」が単体としてではなく、「義」より生じていればむしろ積極的に肯定される。それではここでいわれる「義」とは何であるのか。兆民は具体的に以下のように説明する。

夫れ天地の覆載《ふうさい》し日星の旋躔《せんてん》し、禽獣草木の飛走暢茂するは、義なり、而して其の利たる固と昭々たり、其れ人に在りて父は慈、子は孝、兄は愛し弟は敬するは、義なり、之を推すに凡そ行いの宜しきを得るは皆義なり、父慈なれば子亦た之に孝たる、是れ父の利なり、子孝なれば父亦た之に慈たる、是れ子の利なり、凡そ行いの宜しきを得るもの皆其の利あらざるなし、故に曰く、利は義より生ず、と(5)

自然界においては、天地があり日や星が運行し、禽獣が飛び回り草木が生い茂ることを「義」と規定し、そうした普遍（変）的な自然法則の存在ゆえに人類は「利」を享受することができる。一方で人間交際の場面では、父の慈、子の孝、兄の愛、弟の敬など、凡そ是とされる行為はすべて「義」とされる。例えば、父が子に慈を施せば、子は自ずと父に孝行をするため、結果的に父は「利」を得る（「利」は「義」の効果）。要するに、自然界であれ人間界であれ、「義」とは「已《や》むを得ず」生じ、「利」がこれに付随するかたちで生じるため、「利」を期待して「義」を求める打算的な行為は戒めの対象となる。したがって「利」を目的とした「義」は、当然にして非難の対象となる。この点について兆民は、再び父子の関係性を持ち出して次のようにいう。

若し父たる者其の子の己れに孝たらしめんが為に慈たり、子たる者其の父の己れに慈たらしめんが為に孝たらば、則ち是れ尊卑交〻相賊《そこな》うなり、何の義か之れあらん、既に已に義なし、何の利か之れ生ぜん(6)

いま仮に、父が子の孝を期待して慈を行い、子が父の慈を期待して孝を行うならば、尊卑が互いに損ない、「義」は生じ得ない。「義」が発生しないということは、すなわち「利」もまた生じないことを意味する。これにより「義は体なり利は用なり、体は以て用を出し用は以て体を成す、天理の自然人事の当然なり」という命題を提示し、この論説文の前半部分が総括される。「体」である「義」が、「用」である「利」を生じさせるのは天理の自然であり、かつ人事においても当然の法則である。兆民はここで、いわゆる体用論を援用することによって、「利」は「義」より生ずることを担保させる（この点については後述）。「論公利私利」の後半は、功利主義者に対する批判からはじまる。

近世学士頗る利を唱うる者あり、利の中に公利の目《もく》を立つ、其の説英人勉撒《ベンサム》、弥児《ミル》より出づ、曰く、利の汎《ひろ》く人に及ぶは公たり、独り一身に止《とど》まるは私たり、と、吁嗟《ああ》何ぞ思わざるの甚しき(7)

ここで批判の対象とされているのは、ともに功利主義者として名高いジェレミー・ベンサム（一七四八－一八三二）とＪ・Ｓ・ミル（一八〇六－一八七三）である（兆民がベンサムとミルの功利主義を一括に論じていることは興味深いけれども、これについては触れない）。というのも、量的な範疇で「利」の拡大が「公利」であると定義する「近世学士頗る利を唱うる者」の見解に兆民は同意することができないためである。その理由は、以下のように述べられている。

夫れ利苟しくも義より生ずれば、其の一身に止まるも亦た公にして、未だ必ずしも汎く人に及ばずんばあらざるなり、若し義よりせざれば、則ち利の汎く人に及ぶも亦た私にして、適《まさ》に以て人を害するに足る(8)

「利」は量的な次元で論じられる概念ではなく、質的に把握されなければならないというのが兆民の立場であった。これまで論じてきたように、「利」が「義」より生じているならば、たとえ一身に留まっていたとしても（言い換えると、全体に広がっていなかったとしても）、「公」として正当化される。これに対して、「義」に基づいていない「利」が人びとに広がっていたとしても、それを「公」と称することはできない。むしろこれを「公」とみなせば、かえって人びとに害悪をもたらすことになるであろう、と兆民は警戒する。これを承けたうえで、「論公利私利」は結論として次のように議論をまとめる。

義を言いて利を言わざるも利亦た其の中に在り、利を言いて義を言わざれば、則ち徒だ私に入るのみに非ずして未だ始めより利あらざるなり、吾れ是を以て益〻聖賢の言の易《か》うべからざるを知る(9)

「義」にさえ注意していれば、そこに自ずと「利」は存する。つまり「義」を重視することによって自ずと「利」も得ることができる。反対に、「義」ではなく先に「利」を追求すれば、「義」は言うに及ばず、「利」さえも獲得することはできないであろう。かくして、『論語』や『孟子』をはじめ、「義」を重んずる儒学の主張の正当性が強調されたうえで、この論説は終わる。

「論公利私利」は多分に儒学の文脈に応じた内容となっているけれども、特に朱熹《しゅき》の思想が下敷きにされていた。たとえば『大学或問』の次の一節をみてみよう。

利を以て利と為せば、則ち上下交ごも征りて、奪わざれば厭かず。義を以て利を為せば、則ち其の親を遺てず、其の君を後にせず。蓋し惟だ義のみ之れ安じて自ずと利せざる所無からん。程子曰く、「聖人は義を以て利と為す。義の安ずる所は、即ち利の所在なり」と。[10]

「利」の飽くなき追求は、結果的に秩序が乱れ闘争状態に陥るが、反対に「義」を重視することによって、身分の関係は安定したものに落ち着くと『大学或問』はいう。社会の混乱は、人びとが「利」を追求するために発生するのであり、これを回避するためにも「義」に則った「利」に注目しなければならない、というのがここでの朱熹の論旨であった。「論公利私利」においても、春秋の五覇《ごは》が「其の心は功利に専らにして遂に戦国詭譎《きけつ》の習を啓く」と、戦国時代に至った所以を「功利」に求めていた。それゆえ兆民は、「利、義よりせずして適《まさ》に以て人を害するものに非ざるか」と、「先義後利」を繰り返し強調するのであった。朱熹が援用する程子《ていし》の言（「聖人は義を以て利と為す。義の安ずる所は、即ち利の所在なり」）を、兆民は明らかに踏まえたうえで「義を言いて利を言わざるも利亦た其の中に在り」と述べていたように、朱子学の観点から「義」と「利」の関係を論じるのであった。

このような朱熹の思想を踏まえたうえで兆民が主張していた「蓋し義は体なり利は用なり」に対し三島中洲は、添削に際して圏点を付し共感の意を表していた。なお、中洲本人も――発表された時期は兆民より後ではあるが――「義利合一説」（一八八六年）において、「利は義の結果」であると喝破したうえで、以下のように述べていた。

義は必ず利を得べきものなり。利を得ざるの義は、真義にあらず。また義によらざるの利は、私利浮利にて、真利にあらざるなり。【中略】陽明が知行合一を説きて、「知るは行ふの始め、行ふは知るの終なり」といいたると、同口気なり。故に余は義利合一を説きて、義は利の始め、利は義の終り【下略】(11)

自身は陽明学の立場にあることを宣明にしたうえで、中洲においても「利」は「義」に裏付けられていなければならない。「義は利の始め、利は義の終り」であるとの信念を有して疑わなかった中洲にとって、(12)「利を得ざるの義」あるいは「義によらざるの利」は、「真義」ではなく「私利浮利」に過ぎなかった。

中洲は、兆民の「論公利私利」に対して「正論確説」で「功利家の頂門の一針なり、学ぶに漢洋を兼ねるに非ざる者より、悪んぞ能く此に至らんや」と高く評価していた。(13)二松学舎の発行する雑誌の巻頭に掲載され、中洲によって最大の賛辞が与えられた「論公利私利」は、兆民が儒学の立場から「義」と「利」との関係を整理したうえで、「利」を重視するいわゆる功利主義思想に対する痛烈な批判書であった。そして、「論公利私利」で展開される、このような功利主義に対する批判は、後の『訳解』において継承されるであろう。

第二節 『民約訳解』における volonté générale

「論公利私利」は、「義」に則ることで生じる「利」を正当なものとして評価していた。言い換えると、ある行為が「義」に合致していれば、その時にもたらされる「利」は広汎に及んでいるか否かにかかわらず、皆な「公利」として是認される。兆民のいう功利主義者が「利」の多寡如何を論点としていたことに対して、「論公利私利」は「義」に適っているか否かを評価の基準とする。そして、中洲によって高く評価されたこの「論公利私利」の内容は、その後に発表された『訳解』においても継承される。したがって本節では、「義」と「利」の観点から『訳解』を照射することによって、その思惟構造を確認する。

『訳解』の冒頭は、「民約一名原政」と題されたうえで、次のような文言からはじまる。

政、果して正しきを得べからざるか。義と利、果して合するを得べからざるか。顧《おも》うに人ことごとくは君子なること能わず、亦たことごとくは小人なること能わざれば、則ち官を置き制を設くる、亦た必ず道あり。[14]

原著では、「人間をあるがままに現実の姿でとらえ、法をありうる可能の姿でとらえた場合に、社会の秩序のなかに、正当にして確実な国家の設立や国法の基準があるかどうか」を探求することが主題であると宣言していた。[15] これに対して兆民は、そもそも人間は、全員が「君子」になることも「小人」になることもできないとみなしている。そのうえで、こうした人びとにおいて「正」に適う「政」を実現させ、「義」と「利」を合一させる「官」や「制」を設ける意義とその方法の追究が、『訳解』の主題であるという。[16] それゆえ、「義」と「利」の合一如何は『訳解』におけるテーマとして、同書では一貫した主旋律をなす。[17]

前節でも確認したように、「義」と「利」の調和、あるいは「利」に対する「義」の優位は、儒学思想における根本命題の一つであった。儒学の古典では、例えば、「君子喩於義、小人喩於利」（『論語』）、「苟為後義而先利、不奪不饜」（『孟子』）、「此国不利以利為利。以義為利也」（『大学』）、「見利而譲、義也」（『礼記』）とあるように、一般に「利」よりも「義」を重視する。反対に「利」を前提とした行為は普通、非難の対象となる。そのため儒者は「重義軽利」を道徳的観念の一つとして重視する。[18]

兆民は、儒学の文脈に応じて「論公利私利」において「功利家」を「利」の専らの追求者として糾弾していた。こうした態度は、『訳解』においても確認することができる。「論公利私利」で「功利家」の一人として挙げられていたベンサムを『訳解』においても取り上げたうえで、次のような雄弁な「解」で以て批判していた。

英吉利の勉雑毋《ベンサム》いう「婁騒《ルソー》の民約は、世いまだ若《かくのごと》きもの有るを聞かず」と。【中略】婁騒もとより言えり「民約の条目、未だ嘗て之を口に挙げ之を書に筆にせるもの有るを聞かず」と。蓋し婁騒、尤も世の政術を論ずる者の往々いたずらに実迹に拠りて説を為すを悪《にく》む。故に本書、専ら道理を推して言を立て、義の当《まさ》に然るべき所を論ず。而して事の有無は初より問う所に非ざるなり。勉雑毋は用を論じ、婁騒は体を論ず。勉雑毋は末を論じ、婁騒は本を論ず。勉雑毋は単に利を論じ、婁騒は弁せて義を論ず、其の合わざること有るや、固より宜《うべ》なり。[19]

兆民によると、「実迹」に基づいているか否かを固より論点としていなかったルソーに対して、「民約」という営為が歴史に徴してみても有り得なかったとの説を開陳するベンサムによる批判は見当違いである。そのうえで、ルソーが「義の当に然るべき所」を論じていたのに対し、ベンサムは「利」のみしか論じていないと批判される。ベンサムと異なり、「義」も合わせて論じていることを以てルソーを評価するにあたり、兆民は「利」を「用」として、「義」を「体」として位置付ける。これは、「論公利私利」で中洲を大いに納得させた「蓋し義は体なり利は用なり」と同じく体用論に基づいた議論である。

そもそも体用論は、仏教に由来するのか、それとも儒学に由来するものであるのか判然としていない。[20]体用論とは、因果に対する言葉である。そこでの「体」とは「根本的なもの、第一次的なもので、用とは派生的なもの、第二次的なもの」として定義される。[21]留意すべきは、体用論は因果論とは別物であるという点である。因果の概念では、因から果は生じるが、その後に両者は互いに別個なものとなる。一方の体用の概念では、「体用一致」や「体即用、用即体」のように両者は常に一体的なものとして把握される。[22]したがって、兆民が体用の論法に基づき「義」と「利」を規定することによって、「体」である「義」から「用」である「利」が派生することを示すと同時に、両者は一体の関係にあることを理論的に説明することができた。

体用論を駆使する『訳解』においても、「論公利私利」と同様に「利」を扱うことは「義」を論じることを意味する。そのため、単体としての「利」や「私」はここにおいても否定の対象とされる。この点につき、巻之二第一章「君権は以て人に仮す可からず」(Que la souveraineté est inaliénable) より、原著が一般意志と特殊意志を説明するところを確認する。ルソーのいう「特殊意志はその性質から不平等へ、一般意志は平等へ赴く」(la volonté particulière tend par sa nature aux préférences, et la volonté générale à l'égalité) を兆民は、「私利の物たる、常に偏頗に赴く。而して公利の物たる、常に周徧に赴く」と訳す。つまり特殊意志 (volonté particulière) ＝「私利」、一般意志 (volonté générale) ＝「公利」と訳出することで、「公」たる後者の意義を強調する。さらに、第三章「衆志も亦た錯ること有るか」(Si la volonté générale peut errer) で一般意志を定義していた原文と兆民訳は次のとおりである。

> 全体意志と一般意志とのあいだには、しばしば大いなる違いがある。一般意志は共通の利益にしか考慮しないが、全体意志は私的な利益にこだわるもので特殊意志の合計でしかないのである。しかし、この特殊意志から、相殺される過剰な面と不足な面を除去すれば、一般意志がその合計として残る (Il y a souvent bien de la différence entre la volonté de tous et la volonté générale; celle-ci ne regarde qu'à l'intérêt commun, l'autre regarde à l'intérêt privé, et n'est qu'une somme de volontés particulières: mais ôtez de ces mêmes volontés les plus et les moins qui s'entre-détruisent, reste pour somme des différences la volonté générale.)[23]
>
> 衆志と衆人の志とは、大いに相い異なるもの有り。請う、之を明かにするを得ん。衆志なるものは、衆人の共に然りとするところなり。衆人の志なるものは、衆人の自《みず》から然りとするところなり。故に衆志

なるものは常に公に趨《はし》り、而して衆人の志なるものは常に私に趨る。然りと雖も、所謂る衆志なるものは、必ず衆人の志の中に於いて之を得。何を以て之を言うや。蓋し衆人は皆な其の私を挟んで以て議に臨む。云うところの衆人の志なり。而して此の中、必ず両端の在る有り。最も急なるものと最も緩なるもの、最も激なるものと最も和なるものの謂なり。此の二者は、勢かならず相い容れず。二者あい容れざれば、則ち中《ちゅう》なるもの必ず将にその間《かん》に出でんとす。是れ乃ち衆志の存するところなり。吾れ故に曰く「衆志なるものは、必ず衆人の志の中に於いて之を得」と。(24)

一般意志 (volonté générale) は「衆志」、全体意志 (volonté de tous) は「衆人の志」としてそれぞれ訳されている。『訳解』は、両者の関係が「大いに相い異る」と断ったうえで、「衆志」(一般意志) を「衆人の志」(全体意志) の「中」であるとみなす。ここでいわれる「中」とは、『中庸』の概念に由来する。(25) もともと『礼記』の一部に収められていたこの文書は、「論語や孟子の文章においてはまだ見出されない体系的な道徳論を記載しており、孟子が唱え出した性善説を、よく理論的に記述し」ていたと評され、(26) 朱熹によって独立の経典として取り出されて、四書の一つに数えられた。『中庸』は、朱熹以降の中国哲学の最高峰とまで称されているように、(27) 朱子学における必読文献の一つであった。ここでの「中」は、朱熹の解説によると「不偏不倚、過不及無きの名」、すなわち「不偏」で「過ぎたると及ばざるとの無いこと」を意味する。(28) つまり「中」とは、数学的で機械的な真ん中を指すのではなく、いわゆる「一箇の恰好の処」である。(29) こうした「中」概念を踏まえたうえで兆民は、全体意志を突き詰めれば「最も急なるものと最も緩なるもの、最も激なるものと最も和なるもの」という「両端」に行きつき、そこから「中」たる一般意志が出来《しゅったい》する（「衆志なるものは、必ず衆人の志の中に於いて之を得」）とみなす[30]。たしかに、『社会契約論』において一般意志と全体意志（あるいは特殊意志）との関係は曖昧であった。とはいえ、ルソーにおいて一般意志は「立法者」によって示される「法」の表象であったように、特殊意志の総和である全体意志とは峻別されなければならない概念であった[31]。しかし『訳解』は、「衆志なるものは、必ず衆人の志の中に於いて之を得」とあるように、「衆志」（一般意志）が「衆人の志」（全体意志）の「中」として見出すことができると断言する。つまり、ルソーによって明言されることが避けられていた一般意志と全体意志との関係は、ここにおいて連続的な関係にあるものとして把握される[32]。volonté générale に対する両者の認識の違いは、兆民の意図に由来する。この点を明らかにするためにも、次の訳文をみてみる（なお、ここで volonté générale は「公志」と訳されている）。

公志なるものは何ぞや。衆人の同じく然りとするところ、是のみ。蓋し当初、人々あい共に盟《ちか》いて邦を建てし所以のものは、他なし、衆人おのおの其の利を利として、相い争いて已まざるを以て、是《ここ》を以て相い共に法制を設け、以て之に処する有らんと思うなり。それ衆人の利とするところ、洵《まこと》に各おの相い異ると雖も、然も其の間、亦たおのずから相い同じきところあり。唯それ相い同じき所あり、此れ即ち邦国の基を寄する所以なり。若し衆の利とする所、皆ことごとく相い異り、一も相い同じきところなければ、盟約十百ありと雖も、何を以て国を為すを得んや。是れ知る、公志なるものは、即ち衆利相い同じきところの処にして、唯だ是れのみ以て国の力を率いて、其をして法制の旨に副わしむるに足ることを。[33]

ここでは、各人は自身の「利とするところ」を有しており、それらが「相い異なる」ものであるとされる。とはいえ、そこには「おのずから相い同じきところ」があるはずであり、これを「公志」という。既出の「衆志なるものは、必ず衆人の志の中に於いて之を得」という記述と背馳《はいち》しないこのような「公志」(「衆志」)は、「衆人の同じく然りとするところ」として正当化されるため、「法制の旨」に適い「邦国」の基盤たり得る。なお、この「衆人の同じく然りとするところ」は、『孟子』(告子章句上)の「心の同じく然りとする所の者は何ぞや。謂はく、理なり、義なり」[34]が踏まえられている。つまり、兆民にとってルソーのいう一般意志とは『孟子』の「理義」とほぼ等しい概念としてみなされる。[35]

第三節 『民約訳解』における「君子」と「小人」

かくして人びとは「利」ではなく「理義」を第一に目指すべきであり、逆に「理義」を志向することで「利」を得ることができる。それでは、そもそも人びとは「理義」を志向することが可能であるのか。この点につき、『訳解』の以下の訳出は示唆的である。

民約すでに立ち、人々法制に循《したが》いて生を為す、之を天の世を出でて人の世に入ると謂う。夫れ人ひとたび天世を出でて人世に入る、其の身に於いて変更するところ、極めて大なり。蓋し、曩《さき》には直情径行、絶えて自から検飭《けんちょく》すること無く、血気の駆るところ、唯だ嗜慾に是れ徇《したが》う。禽獣と以て別つ無きなり。今や事ごとに之を理に商《はか》り、之を義に揆る。合すれば則ち君子となし、合せざれば則ち小人となす。而して善悪の名、始めて指す可し。曩《さき》には人々ただ己を利せんことを図り、他人あるを知らず。今や利害禍福、必ず衆と偕《とも》にし、自から異にするを得ること無し。(36)

これは原著が自然状態と社会状態の違いを述べたところの翻訳にあたる。「民約」は、人びとをして「法制」に従わせるが、それは同時に彼ら自身においても質的に変化させる契機であった。かつての「天世」(l'état de nature ＝自然状態)における人びとは、「直情径行、絶えて自から検飭すること」がなかったため、「血気の駆るところ、唯だ嗜慾」に従うような様相を呈していた。それゆえ、このような「嗜慾」という各自の「利」にしか向かうことのない者は、「禽獣」「小人」のような存在として儒学の観点から否定の対象とされる。しかし、ひとたび「民約」によって「人世」(l'état civil ＝社会状態)に至ると、人びとは「利」のみに趨《はし》ることがなくなり、物事を「理に商《はか》り」、「義に揆《はか》る」ことができる者に飛躍する。つまり「民約」によって彼らは、「利」ではなく「善悪」を判断基準として行動し、「己」だけではなく「他人」の「利害禍福」をも考慮することができるような人間になる。人びとの「智慮ますます広博を成し、情性ますます高遠を成」す「人世」はそれゆえ、かつての「昏々芒々、草木と倶に長じ、鹿豕《ろくし》と倶に生き、絶えて自から脩むること」のなかった「天世」に比して、より良い状態となる。[37]「天世」の「禽獣」「小人」と対比して描かれる「人世」における人びとは、したがって「君子」と称されるに相応しい存在になる。「君子」たる者は、「私」ではなく「公」に配慮することができるのであり、そうしてはじめて「利」を得ることができる。

そのため、『訳解』の「利」は、単に「私利」(intérêt privé)のような否定の対象としてのみならず、「公」に適う「善」という言説正当化の謂いとしても使用される。例えば、巻之二第一章「君権は以て人に仮す可からず」は、「前に先立ち確立した諸原則から生じる第一の最も重要な結果」として、「一般意志のみが国家の設立目的である共通善に従って国家の諸力を統率できる」とルソーが述べていた箇所を、[38]以下のように訳出している。

> 前に述べし所の衆理に由りて之を推すに、更に又た一理を得。而して其の崇重すべきこと、前者と相い若《し》く。曰く、国の力を董率《とうそう》し、其をして必ず法制の旨とするところに副い、終始渝《かわ》ること無からしめ、以て民の利を長ずるものは、独り公志あるのみ、と[39]

ここで注目するべきはbien communの訳語としてあてられる「民の利」である。ルソーはこれは「共通善」とみなしていた。しかし、日本では度々「公共の福祉」と同義、さらには「共通の利益」もしくは「公共の利益」の意味として使われることが多いと指摘される。[40]実際に現在流通している『社会契約論』の訳書の多くにおいてはbien communに対し「公共の福祉」の訳語があてられている。[41]『社会契約論』では、

「共通善」たる一般意志を成文化したものが「法」(loi)であり、それを作成するためには優れた叡智を有する「立法者」(Législateur)が必要とされた。これによって「法」は成立し、それはまた「共通善」たる一般意志の実現をも意味した。ルソーにとって私的な利益の追求は一般意志成立の前提条件であったが、それでもなお利益(intérêt)と善(bien)との間には大きな断絶があった。というのも、ルソーの想定する人民は「善」ではなく「利益」しか分からない暗愚な存在であるためであり、それゆえ後々に共通善たる一般意志を示し得る「立法者」が要請される。それは、『社会契約論』の「法について」(De la loi)において無知な大衆は自分にとって何が善であるのかを知ることがほとんどないため、「偉大で困難な事業である立法組織は不可能である」とルソーが述べていたことからもわかる。[42] 要するに、ルソーにとっての「利益」(intérêt)は、ただちに「善」(bien)に結びつく概念ではなく、その間には断絶があった。それはまた、全体意志と一般意志とは峻別されなければならないこと(Il y a souvent bien de la différence entre la volonté de tous et la volonté générale)[43]を意味する。

しかし兆民が『訳解』で描く「民」は、「利」(intérêt)の追求者としてではなく、「義」に合致した「利」を志向する可能性を備えていた。たしかに『訳解』は、「衆人の志」(全体意志)から、「中」として「衆志」(一般意志)が見出されるとあったように、「論公利私利」の場合とは異なり、「私」から「公」を導く可能性を示唆していたかのようにみえる。[44] しかし、個々の「私」から離れて、全体的な立場から「理義」や「公」の何たるかを把握できるとの確信を有する兆民は、それゆえに「義」に裏付けられた「利」がもたらされると期待していた。このように、「民約」を結んで「人世」(社会状態)に至れば、人は誰しもが「義」にかなう「利」を追求することのできる「君子」になる可能性を秘めていると考えられていたことは重要である。[45]兆民は、「理に商り」、「義に揆る」ことができる者を「君子」、それができない者を「小人」として整理するけれども、『訳解』における問題関心は現状何者でもない人びとが果たして「義」を知る「君子」となり得るのか、という点にあった。そのため『訳解』はその冒頭で、「義と利、果たして合するを得べからざるか」という原文にはない一節を宣言する必要があった。

もっとも、「顧《おも》うに人ことごとくは君子なること能わず、亦たことごとくは小人なること」はできないため、「官を置き制を設くる」ことの意義を『訳解』は説く。[46]これに関してルソーの場合は、かつての「自然」に替わる新たな政治社会として「法」(loi)による支配からなる「共和国」(République)を設立することで解決を図っていた。「法」とは、一般意志の表象であり、「法」による支配に基づく政治社会のみがルソーにとって唯一正当であった。なぜなら、自分たちが作った「法」に自分たちが従うという「自由」(liberté)と、誰からも支配されない「平等」(égalité)が「共和国」においては達成されるためであった。しかし、兆民によって「自治の国」と訳されたこの政治社会では、「法」(「律例」)はルソーのように統治の根本には置かれなかった。なぜなら兆民にとって「律例」は、目的ではなく手段としてみなされていたためであった。これに関しては、「国を為《おさ》むる者は、道徳の恃むに足らざる、必ず相い約して例規を立て、違えば則ち罰あり、夫れ然る後ち義と利と相い合し、所謂る道徳も亦た其の間に行なわるるを得」という原文にはない一節が、[47]如実に表わしている。つまり兆民は、最終的に「道徳」を実現させる手段として「例規」(loi)を捉えていた。[48]そこで次に問題とされるべきは、ルソーのいう「法」を発する主体であるSouverainと、その

「法」に自発的に従うSujetsと称された概念に対して、兆民はどのように向き合い、そしていかに理解したのかということである。

第二章 「君」と「臣」

前章で確認したように、兆民は『訳解』において『社会契約論』を儒学の文脈に応じて換骨奪胎し、祖述していた。特に、「義」と「利」の合一如何を『社会契約論』の主題として捉え直すことによって、「義」に合した「利」を求めることが「君子」の務めであると強調していた。そしてそれはまた「論公利私利」をはじめとする、『訳解』以前においても展開されていた儒学の根本命題の反映でもあった。「民約」に与《あずか》る人びとは「義」に合する「利」、すなわち volonté générale（これは『孟子』に典拠をもつ「理義」と等しいものとして把握されていた）を獲得することができる「君子」であった。

本章で取り上げるのは、主権の問題である。いうまでもなく、ルソーにとって主権は人民に在り、こうした政治思想が兆民を魅了したことについてはよく知られている。とはいえ儒学の説く政治思想は、民意から逸脱しない政治の実現を目指す民本思想に注意を払うが、民に主権を認める民主思想を是認しなかった。儒学の統治論において主権者は一人の君主であり、民はあくまでも被治者に過ぎなかった。したがって、主権在民思想を標榜する『社会契約論』を、民を被治者とする儒学思想で受け容れることは撞着に陥りかねない。

そのため、兆民が儒学の文脈に応じつつも、いかにして「民」に主権を帰する言説を展開させることに成功したのかを確認しなければならない。これにあたり、原著の Souverain（主権者）と Sujets（臣民）にあてた「君」と「臣」という訳語の観点から考察を試みるのが本章での課題である。

第一節 「中国のルソー」

本章の補助線のために本節では、ルソーのいう人民主権論と儒学のいう民本思想との差異を確認したい。この際に注目するのは、「中国のルソー」と称された、ある儒学者についてである。

『訳解』も無関係ではなかった清末中国での『社会契約論』の受容は、その波及効果として、ある大儒の存在に大きくスポットを当てるに至った。それが明末清初に活躍した黄宗羲《こうそうぎ》（一六一〇–一六九五）である。清末の知識人は、ルソーの民主思想と黄宗羲の主著『明夷待訪録』（一六六三年）における「原君」と「原臣」の二篇が類似することをしばしば指摘し、彼を「中国のルソー」と顕彰した。[1] 黄宗羲のことを「中国のルソー」とはじめて称したのは、梁啓超《りょうけいちょう》（一八七三–一九二九）であるといわれている。[2] 梁啓超は、世襲的君主の不要を展開した『明夷待訪録』を『社会契約論』に比定することで黄宗羲を「再発見」し、彼に「中国のルソー」の名辞を与え礼讃した。[3] 梁啓超は『新民叢報』に載せた「黄梨洲」（一九〇二年）において、黄梨洲（黄宗羲）について次のように述べている。すなわち、「梨洲の理想がルソーほど完全でなく、梨洲の究明がルソーほど詳密でないことは、私もみとめる。しかしながら、それら両項を比較してみるとき、梨洲先生を中国のルソーとみる私の考えは、決して溢美《いつび》の言ではないと信ずるのである」[4]。かくして『社会契約論』になぞらえられ、ルソーより百年も早く「君主専制批判」を展開したとみなされる黄宗羲の思想は、彼らに「中国革命の象徴としてのイメージ」を植え付けさせるのであった[5]。こうした呼称は、当時の中国において兆民が「東洋のルソー」と呼ばれつつあった状況に対応するようなかたちで形成されていったことからも[6]、黄宗羲の民本思想とルソーの民主思想は期せずして結びつけられて理解されるのであった。はじめに、黄宗羲の思想とはどのようなものであり、それがなぜルソー受容にあたり注目されるに至ったのかを『明夷待訪録』から確認する。

　黄宗羲の主著『明夷待訪録』の「明夷」には、『易経』を出典とする「明るさが夷《そこな》われる」という意味がある[7]。黄宗羲は、「いまは明夷の世であるが、やがて世の夜明けがおとずれ、明君があらわれ、明君から治世の大法を訪われるであろうことを待つ」という意味を込めて、自身の著書に「明夷待訪録」と題した[8]。そこには華夷変態、すなわち彼が仕えていた明王朝が清にとってかわられたという政治的事変の経験が背景にあった。つまり黄宗羲自身は明の復興を期待していたけれども、ついに明王朝の血統も潰《つい》えその望みも絶たれたことを承《う》けて、『明夷待訪録』の執筆に駆られた[9]。それから約二百年の後、清末の知識人は『明夷待訪録』の「原君」と「君臣」の両篇に社会契約（「民約」）の神髄を見出すに至った。以下、この両篇に基づきながら黄宗羲の議論を確認してみよう[10]。

　まず、篇題にあらわれる「原」とは、「たずねる」や「きわめる」という意味があり[11]、「あるべき君」（原君）や「あるべき臣」（原臣）として解釈される。「原君」において黄宗羲は、「おのれ一人の利を利とせず、天下にその利を受けさせ、おのれ一人の害を害とせず天下に害を免れさせ」ること、すなわち「君為客」として「君」を位置付け「天下為主」を理想とする。(12) つまり君主たるべき者は、自分自身のことを後回しにし「天下のために一生かかって経営」しなければならない。(13) しかし現状、このような理想的君主像からかけ離れているとして以下のように続ける。

昔の天下の人々は、君主を尊敬していたが、今では君主を憎み恨み敵と同様にみなし「独夫」と名付けているが固より当然のことである。しかし、つまらない学者たちは頑固に「君臣の義」は天地において逃れることはできないとして、桀紂《けっちゅう》のような暴君に対しても湯武《とうぶ》はこれを討つべきではなかったと断罪する。(14)

ここでは明らかに、桀紂のような暴君に対する放伐が是認されている。これは、『孟子』（梁恵王章句下）における「仁を賊《そこな》う者之を賊と謂い、義を賊う者之を残と謂う。残賊の人、之を一夫と謂う。一夫紂を誅するを聞く、未だ君を弑《しい》するを聞かざるなり」(15) を踏まえた内容である。殷の紂王はその臣下で後の周の武王によって誅伐されたらしいが、臣下が君を弑することは妥当なのかと問う宣王に対して、孟子は仁や義をそこなう者を「残賊」とみなしたうえで、「君」たる資格のない桀紂は「一夫」に過ぎなかったと答える。「一夫」とは、「天命が去ってしまい、人民からも見放された」者を意味するように、(16) 仁や義を行わない天子はもはや天意を喪失した単なる一人の人でしかない。それゆえ、武王は「一夫紂」を誅したに過ぎないのであって、「君」を弑したわけではないと『孟子』は述べる。要するにこれは、仁義を失った為政者に対する放伐、すなわち「革命」を是認する一節である。『孟子』のこの議論を継承する黄宗羲も、「独夫」(一夫)たる君主が放伐の対象となることは当然であるとみなす。実際に黄宗羲は、易姓革命を「聖人の言である。後世の君主が父の如く天の如くという空名を以て人びとの君位を窺伺《きし》せんと欲することを禁じるのは、皆なその言葉を不都合に思うからだ」として、(17)肯定する。そのために黄宗羲は、「孟子の反対者的側面を継承した思想家」とも評されるのである。(18)

また「原臣」においては、「臣」を「天下のために君主を補佐する」者と定義したうえで、次のように述べている。

天下というものは大きいので一人でこれを治めることはできない。だから官を設けて手分けをするのである。自分が出仕するのも天下のためであり、君のためではない。万民のためであり一姓のためではない。私(たち)は、天下万民のためという観点に立っているため、その道から逸脱した場合、君が態度や言葉で強いてきても決して従わない。ましてや態度や言葉がない場合はなおさらである。その道から逸脱した場合、朝廷に仕えていても決して承諾はしないのである。ましてや我が身を殺すことなど到底できるはずもない。そうではなく、君の一身一姓のためという観点に立ち、君の態度も言葉もない私欲を視、聴こうとするならば、これは宦官や妾の心でしかないのである。君が自分のために死に、自分のために亡命するのに、自分もまた君のために殉じ、ともに亡命するというのは、昵懇《じっこん》の関係にあることを意味する。これが臣かそうでないかの区別である。[19]

「臣」の存在意義とは、君のためではなく万民のために奉仕するところにある。黄宗羲自身もこの原理に立脚しているために、[20]「君」が強い態度や言葉で迫ってきたとしても従わないという確乎たる信念を持つ。「君」に無批判に従うことは宦官や妾の振る舞いであるという黄宗羲は、この点を以て「臣」か否かを分ける基準とする。しかし、「臣」としてよく君主を補佐し興隆させていたとしても、「民」の苦しみを軽視するならば固より臣道に背く事態に至る。[21]「君」と「臣」はともに木を曳くような関係であるから、もし木を曳く一方が手綱を握らずに、他方の前でただ嬉々として笑い、かつそれで宜しいと考えるならば、そもそも木を曳くという仕事（治天下）は成立しない。[22]このように高らかに表明される黄宗羲の思想は、明らかに民本思想が支柱になっている。例えば、「民を貴しと為し、社稷之に次ぎ、君を軽しと為す。是の故に丘民に得られて天子と為り、天子に得られて諸侯と為り、諸侯に得られて大夫と為る。諸侯社稷危うくすれば、則ち変置す」という『孟子』の一節は、[23]しばしば民本思想を言い表す文句として持ち出される。[24]『孟子』によると、国家にとって最も重視されるべきは民であり、衆民によって歓迎されることではじめて天子になれる。それゆえ「民意を汲み取らず、国を危くするような為政者は、当然入れ替えるべきである」[25]という「革命」をも辞さない主張がそこには含まれる。なぜなら『孟子』にとって、儒学で理想とされる聖人である堯《ぎょう》・舜《しゅん》を例証として、「民意」とは「天意」にほかならないためであった。この点につき『孟子』は、次のように述べている。

曰く「敢て問う、之を天に薦めて、天之を受け、之を民に暴《あらわ》して、民之を受くとは、如何」と。曰く、「之をして祭を主らしめて、百神之を享く。是れ天之を受くるなり。之をして事を主らしめて、事治まり、百姓之に安んず。是れ民之を受くるなり。天之を与え、人之を与う。故に曰く、「天子は天下を以て人に与うること能わず」と。【中略】泰誓に曰く、天の視るは我が民の視るに自い、天の聴くは我が民の聴くに自う、と。此の謂なり、と。[26]

天子の候補者である舜に、祭祀や政治をやらせてみて天も民も受け入れた。そして、『書経』（泰誓篇）を出典とする「天視自我民視、天聴自我民聴」を引用することで、「民意すなわち天意。民意が有るところに天意がある」ことを孟子は強調する。[27] 反対に「民意」を考慮せずに民から見放された君主はその資格を喪失し、「天」からも見放されたものとして放伐の対象となる。要するに、『孟子』における民本思想の根本にある「民を貴しとなす」には、「天」や「革命」を理論的な装置として、「民意」という名の「天意」に配慮せず、民を蔑《ないがし》ろにする天子は天から見放され、結果的に「革命」の対象となるという思想を有する。

黄宗羲が『明夷待訪録』の「原君」「原臣」の両篇において「天下が主であり、君主は客」であることを徹底的に強調していたのも、[28] 彼が『孟子』の信奉者であったことに関わる。「原君」と「原臣」の二つの篇は、「大体同一の思想をもって書かれて」おり、「『孟子』から一歩も出たものではなく、従っていずれも原始儒教の精神を継承する」ように、民本思想を念頭に入れて執筆されていた。[29] そして、『孟子』を下敷きにしている『明夷待訪録』はその後、ルソーの社会契約と結びつくかたちで理解されるに至った。梁啓超と同じく黄宗羲を「中国のルソー」として讃称した陳天華《ちんてんか》（一八七五－一九〇五）は『獅子吼《ししく》』（一九〇四－一九〇五）において、「中国に遂にルソーが現れた。明末清初、中国には孟子以後、最高の人で、学問も品行もルソーより高い大聖人が現れた。これぞ黄梨洲先生、名は宗羲」として「孟子」に匹敵し「ルソー」本人よりも偉大な「大聖人」であると評価していた[30]。そのうえで、「原君」と「原臣」の二篇は『社会契約論』と完全には一致しないものの、「民約の理は早くもそのうちに包括されている」と強調する[31]。陳天華にとって、「原君」「原臣」の表明する儒学的民本思想と『社会契約論』の説く「民約の理」は、ほぼ等価であった。以上のように、東アジアで受け入れられたルソーの政治思想は、儒学思想における民本思想との関係で理解されていたように、儒学の系譜に連なっているものとして理解されるのであった[32]。

現代の研究も、孟子的民本思想に基づいた『明夷待訪録』が、「ルソーの『社会契約論』の観点と基本的には一致する」と解釈する場面がみられる[33]。その一方で、「或は孟子の政治論を民主的なりとし、或は黄宗羲の政治思想を民本的なりと称するも、両者が王権是認の前提下に人民本位の政治を説くかぎりわれわれはむしろ、全人民による全人民のための政治を意味する本来の民権思想と中国的民享思想との間によこたわる本質的相違を強調すべきである[34]」とルソーと黄宗羲との思想の差異を認めようとする見解もある。つまり「清初に於ける政治思想は専制一般の批判であって、その根拠は王道国家の重民思想に求められており、従ってこれとルソーに見られる王権批判や民権主義との間には踰越《ゆえつ》することのできぬ大きな距離」がある[35]。要するに、民を主権者とするルソー的民主思想は、君を主権者であると前提する民本思想とは根本的に異なる。儒学的枠組みにおいて主権者とはあくまでも天命を受けた天子（君）であり、彼が民に仁政を施す民本主義を実行しなければならない。このような観念が黄宗羲も含めて凡その儒者の前提とされていた以上、儒学は『社会契約論』の説く人民主権論へ到達することは本来ならばあり得ない。[36]

それゆえ清末の知識人において、ルソーが受容された際に取り組まなければならない問題とされたのは、「君」（皇帝）の位置付け如何についてであった。例えば清末の社会変革運動の担い手であり戊戌政変で処刑された譚嗣同《たんしどう》（一八六五－一八九八）の場合を確認しておこう。伝統中国の君主観念を相対化した譚嗣同は黄宗羲と比べても遥かにルソー流の人民主権論に近づくことができた。彼は『仁学』において、君と臣の関係を次のように規定していた。

人類そもそものはじめには君臣などなく、すべて民であった。民は、人の統治などできないし、その暇もなかった。それで、みんなである一人を推挙して君に立てた。みんなで推挙したというのだから、君が民をえらんだのではなく、民が君をえらんだのである。みんなで推挙したというのだから、その身分は民からかけ離れたものではなく、民のなかまである。みんなで推挙したというのだから、民があってこその君なので、君は末で民が本である。この世に末があってそこから本がでてくることはあり得ない。君があってそこから民がでてくることなどあり得ようか。みんなで推挙したというのだから、きっとみんなでやめさせることもできる。君とは民のために事を処理する者であり、臣とは民の事を処理する補助者である。【中略】だいたい操を立てて死ぬというのほどまちがった考えはない。君も民の一人である、いや普通の民にくらべてまだ末のものなのだ。民と民との間柄でも相手のために死ぬ道理はないのに、本のものが末との間柄で相手のために死ぬ道理などない。【中略】事のために死ぬ道理こそあれ、君のために死ぬ道理などないのである。君のために死んだのは、情に溺れた宦官、宮女であり「律儀ものの愚物だった[37]」。

政治的諸制度が出来上がる以前の世界では、「君」と「臣」という社会的身分は存在しなかった。存在していたのは「民」のみであったが、彼らによる統治では無理があったため、「ある一人を推挙」しこれを「君」とした。つまり「民」が「君」を推挙するのであり、「君」の後に「民」が出てくるのではない。ゆえに、「民」が「本」で「君」が「末」となるから、「民」の意に沿わないならばその「君」を廃することは当然にして可能である。『仁学』にみられる「民」の意に沿わない「君」の廃止を主張する譚嗣同の念頭には、黄宗羲の「原君」「原臣」の議論があった[38]。ただし儒学の「君」「臣」を相対化していた譚嗣同の場合、『孟子』にみられる「天」や「天意」に則った「君」の営為といった観念は希薄となり、むしろ「民」の意志（volonté）に基づいた政治が求められていた。こうした点を承けて、「ルソー流の、いわゆる社会全体の一般意思《ママ》によって生まれる、との考えに基づいた社会契約論・民権思想」が踏まえられているとの指摘もある[39]。「君」は「民」の作為によって成立すると考える譚嗣同の思想は、そのため黄宗羲における「君」「臣」関係とは大いに異なる。黄宗羲においては、「君」「臣」「民」の三者によって構成された政治は、「君」と「臣」がともに協力して「民」を治めることを大前提としていた。一方で譚嗣同が「民が君を推挙する」と指摘したとき、「民は全能を有する君主によって管理される無力・無能な存在ではない。むしろ民の意思のみが最高の決定者であり、この意思から導き出され、それによってのみ審判される」[40]という伝統的な儒学観にはない進歩的な考え方を有していたといえる。要するに譚嗣同の思想は、一方で孔子・孟子・黄宗羲の思想を継承しつつも、他方で「彼の君主観・民衆観は、中国の伝統的な民本主義的観念」を打破するものであったといえる。[41] 儒学の文脈に応じつつも必ずしもこれを絶対化しない譚嗣同は、君主ではなく「民の意思」を政治における最高の決定であるとみなすのであった。[42] しかし、それでもなお譚嗣同のいう「君」とルソーのいう Souverain は一致しない。譚嗣同において「民」によって推挙された「君」は、彼らのうちから出た一人の君主でしかなく、人民全体を指す Souverain と明らかに異なる。したがって、儒学に多かれ少なかれ依拠していた以上、民に主権を認めるという発想自体がそこから出来する余地はない（なお、中国における『社会契約論』の受容の諸相、特に Souverain が一人の君主として誤解された点については本書の補論において具体的に扱うため、こちらもあわせて参照されたい）。

それでは、清末知識人に先駆けて儒学の文脈を通してルソーの人民主権論を理解せんと試みていた兆民の場合はどうであったのか。

第二節　『民約訳解』における「君」（Souverain）と「臣」（Sujets）

「民がこの世の主人公であり、君はその付属物、臣は君をたすけて民に奉仕するべき存在」であると考える儒学に立脚し、ルソーの政治思想を咀嚼した兆民もまた、『訳解』において「民」に重きを置いていた。[43]『訳解』の冒頭では、「官を置き制を設くる、亦た必ず道あり。余もとより斯の道に得ること有らんことを冀《ねが》う。夫《そ》れ然る後、政の民と相い適《かな》い義の利と合すること、其れ庶幾《こいねが》う可きなり」と、「義」と「利」が合し、「民」のための「政」を実現するにあたって、最も相応しい「道」の探求が宣言されていた。[44]つまり、「義」に適う「利」の追求と、それを「民」にもたらすような「政」の設計が理念とされた。ただし、そうした「利」は上から与えられるのではなく、「民」によって主体的に獲得されるものとして把握されていた。それを実現する方法こそ、「民」自身が「君」となり、「臣」となること、すなわち「民約」を結ぶことであった。

この点について兆民は次のように述べている。

凡そ此の約に与る者は、其の君たりて令を発すると臣たりて命を承くると、並びに常に相い共に助を致さざる可からず。是れもとより義の在る所にして、亦た利の存する所なり。君たりて令を出し、能く義に違わざらんか、臣たりて必ず之が利を享けん。臣たりて職を挙げ、能く道に背かざらんか、君たりて必ず之が福を獲ん。[45]

「民約」に与る者は「君」であれ「臣」であれ、「常に相い共に助を致」すことが求められる。これによって「義」に適った「利」が獲得される、と兆民は先に結論を示したうえで、その具体的な方法を説明する。すなわち、「君」として「義」に違うことのない「令」を発することによって、「臣」は必ず「利」を得る。

一方で「臣」として「道」に悖《もと》ることのない「職」に務《つと》めるならば、「君」として必ず「福」を得ることができる。したがって両者は「相い共に助」をなす関係となる。ただし、ここで述べられる「君」や「臣」は、「初めより両人あるに非ざるなり」と兆民が補足していたように、二元的で別個に存する概念ではない。そもそも「君」とは「衆を合して成る」ものであるから、「君の利するところは必ず衆の利するところ、相い抵《さから》うこと」は決してあり得ない。

ところで、ここにおける「君」と「臣」という用語は、原著の Souverain（主権者）と Sujets（臣民）の訳語に相当する。こうした独特な訳語は、原著に対する深い理解の反映を意味していた。現代の翻訳者の一人である桑原武夫《くわばらたけお》は、『社会契約論』の「主権者」に対して「社会契約をむすんで一体となった人民全体のこと」であり、「決して一個人の人間をさすのではないこと、をつねに頭に入れておかなければ、この本は分からない」と警鐘を鳴らしていた。[46] なるほど、伝統的に一人の君主を意味する「君」を『社会契約論』のいう Souverain にあてるという兆民の戦略は、かえって読者に誤解を与えかねない。[47] そこで、ルソーにおいて Souverain（主権者）と Sujet（臣民）についてはじめに確認しておく。

『社会契約論』第一編第六章「社会契約について」（Du Pacte Social）の終盤でルソーは、社会契約を結んだときに起こる変化、すなわち「各契約者個人に代わって、一つの精神的・集合的団体を成立」させることについて、次のように論じていた。

このようにしてあらゆる人格の結合によって形成される公的人格は、かつては「都市国家」、いまは

「共和国」あるいは「政治体」という名称をとり、その構成員によって、政治体が受動的に法に従うときは「国家」、能動的に法をつくるときは「主権者」と呼ばれ、それを他の同じ公的人格と比べるときは、国際法のうえで「国」と呼ばれる。構成員についてみると、集合的には「人民」という名称をとり、主権に参加するものとしては個別的に「市民」、国法に従うものとしては「臣民」と呼ばれる。(48)

社会契約が完全に行われるためにルソーは「各構成員は、自己をそのあらゆる権利とともに共同体全体に譲り渡す」という、いわゆる全面譲渡を求めていた。各人は全てを共同体に譲渡し、同じ権利を構成員から受け取るので、喪失した全ての同じ価値のものを得て、より一層多くの力を獲得することができる。かくして「共和国」(République ou de Corps politique)が成り、これが「法」に従うときには「国家」(Etat)、「法」をつくるときには「主権者」(Souverain)と称される。また、ここにおける構成員については、集合的に「人民」(Peuple)、主権に参加する場合、個別的には「市民」(Citoyens)、「国法」(loix de l'Etat)に従う場合は「臣民」(Sujets)と呼称される。この主権者と臣民との関係についてルソーは、次章「主権者について」で論じていた。

この社会契約の公式から次のことが分かる。結合行為は、主権者たる人民と個々人との相互的約束を含むこと、また各個人はいわば自分自身と契約しているので、二重の関係で、すなわち主権者の一員として個々人に対して、国家の一員として主権者に対して約束する。(49)

主権者および臣民として約束することを含意する「二重の関係」(double rapport)によって、人民は「法」をつくるときは主権者、その「法」に従うときは臣民となる。この一節について兆民は、原著にはない文言を補うことで鮮やかに訳出していた。

前の述ぶる所に由って之を推せば、民約の物たる、知る可きのみ。曰く「是れ君と臣と交《こも》ごも盟《ちか》って成す所なり」と。然れども所謂る君なる者は、衆人相い合せるものたるに過ぎざるを以て、君と臣と交ごも盟うと云うと雖も、実は人々躬《み》みずからと盟うなり。何を以て之を言うや。曰く、衆人相い倚りて一体を為す。将《まさ》に議して令を発せんとすれば、即ち君なり。別に尊を置きて之を奉ずるに非ず。而して凡そ此の約に与《あずか》る者は、皆な君たるに与ること有るなり。其の将に令を出さんとする自《よ》りして言えば、則ち君其の臣と盟うなり。其の将に令を奉ぜんとする自りして言えば、則ち臣其の君と盟うなり。故に曰く「君と臣と交ごも盟うと云うと雖も、実は人々躬《み》みずからと盟うなり」と。(50)

後世の翻訳者・桑原武夫の警句に先駆けるかたちで、「君」(Souverain)とは「別に尊を置きて之を奉ずる」ものではなく、「衆人相い倚りて一体を為」すことで成立し、「議して令を発」するものである。「令」を発するのが「君」であり、それを承けるのが「臣」(Sujets)であるとはいえ、「君と臣と交ごも盟うと云うと雖も、実は人々躬みずからと盟うなり」という関係にある。この点につき『訳解』は、さらに続けて以下のように詳述している。

衆の共に議して定むる所は、人々に在りて必ず遵踏《じゅんとう》せざる可からず。人々みな一身にして両職なり。故に其の君たりて定むるところ、臣たりて之に循わざる可からず。若し循わざるを為せば、是れ一人にして衆に背き、臣にして君に背くなり。(51)

「衆の共に議して定むる所」、すなわち「君」(Souverain)の発する「令」を「臣」(Sujets)は必ず「遵踏」しなければならない。ただし重要なことは、「君」と「臣」が二元的に存するのではなく「一身にして両職」という点である。ここでの「一身にして両職」は、人びと全員が「君」(Souverain)であり、同時に「臣」(Sujets)でもあるという『社会契約論』の主張を見事に反映させた一節であり、先の「人々躬みずからと盟う」と対応している。このように兆民は原著のSouverainとSujetsの関係を「君」と「臣」の関係に還元することで的確に説明することに成功している。「民約」を経て、「君」の発する「令」に「臣」として従えば、「民」に「利福」をもたらすような政治が達成されるのであり、文字面のみを追えば、こうした祖述は民本思想の反映であるのかもしれない。しかし同じく儒学の用語に依拠しつつも、「民約」に与る者は悉《ことごと》く「君」たり得ると喝破していた兆民は、儒学が語ることのなかった民主思想を表現することができた。

本来の儒学の統治論がいうところの唯一の主権者は君(皇帝)であり、これと臣が「義合」したうえで、天下を治める。ここにおいて民は終始、被治者であり、主権に与《あずか》ることはできなかった。しかし『訳解』は、そうした儒学の概念を逆手にとることによって、人民こそが「君」であるとして、ルソー流の人民主権を説くことができた[52]。そうであるならば、原著のSouverainの訳語は、儒学で主権者とみなされてきた「君」以外にあり得なかった(「民」は「君」＝主権者である)。

第三節 「律例」(loi)について

そもそもルソーにとって社会契約を「無益な公式」(vain formulaire)に終わらせないためにも一般意志に服従を拒むものは誰でも、政治体全体の力によって服従を余儀なくされる。社会契約に暗黙に含まれるこうした約束こそ、各個人が自由になることを強制される(forcera d'être libre)ことに他ならなかった[53]。『訳解』は、これを次のように訳す。

是の故に民約の或は空文に墜ちんことを防がんと欲すれば、必ず当《まさ》に、一項を挿《さしはさ》みて其の中に在るもの有るべし。曰く「若し人ありて肯《あえ》て法令に循わざれば、衆共《とも》に力を出し、必ず循わしめて後ち止まん」。曰く、是《かく》の若くんば則ち、乃ち人の自由権を害すること無きか。曰く「然らず、まさに強いて人をして自由権を保たしめんと云うのみ」と。何ぞや。凡そ民約の本旨は、人々をして衆の命令を奉じて、人の抑制を蒙る無からしむるに在り。故に夫《か》の法令に循うは、即ち抑制の禍を遠ざくる所以なり。いま是の人、乃ち敢て約に背く。故に迫りて其をして必ず之を履ましむる者は、正に其の抑制の禍を遠ざけんことを欲するのみ。[54]

原文の一般意志（volonté générale）は「法令」と訳されたうえで、「法令」の遵守によって「強いて人をして自由権を保たしめん」ことが強調される。つまり「民約」とは、「人々をして衆の命令〔法令　引用者注〕を奉じて、人の抑制を蒙る無からしむる」契機であったように、他人の「抑制」を受けないことが、ここでの最大の目的となる。「抑制の禍」に陥らないためにも「民約」を結ばなければならないという兆民は、事実『訳解』の「叙」においても「民をして自《みず》から修治せしめて、官の抑制する所と為る勿らしむる」ことが「婁騒《ルソー》」の主張であると強調していた。[55] ゆえに、自ら作為した「法令」（volonté générale）に従うことが、他の誰からの支配を受けない「抑制」からの解放をもたらし、「自由権」の保障を意味していた。それでは、人びとに「自由権」を保障させ「抑制の禍」を遠ざけることを可能とさせる「法令」とは具体的に何を意味するのか。これにつき兆民は、第七章の「解」に「第二巻第六章に法令を論ずる」と解説しているため、その言に従いこの箇所を確認してみる。

原著の当該章題（De la Loi）に対して『訳解』は、「律例」と訳出する（本書では、loi に対する現代日本語訳は「法」とする）。『訳解』における当該章において特徴的な点は、「律例」を語れば必ず「道徳」も語るということである。[56] 兆民はその冒頭で、「民約は政の体なり、律例は政の発なり」、あるいは兆民の解説を借りるならば「民約なるものは政治の由りて立つ所にして、律例なる者は治術の由りて行わるる所なり」として、「精神」たる「民約」から「意思」たる「律例」が出来上がる。[57] ところでルソーは、凡そ善であり秩序に適うものは事物の性質によるのであり、決して人間同士による合意によって形成されることはないと述べていた。これらの価値の淵源は全て神（Dieu）にあり、人類が神に近づくことができない以上、「政府」（Gouvernement）や「法」（loix）が必要とされた(58)。これに対する兆民の訳出は、次の通りである。

凡そ事の善良にして理に合する者、本《もと》おのずから此《かく》の如し、人の相い約するを待ちて、而して後に然りと為すに非ざるなり。明神上《かみ》に照臨し、衆善の源を為す。則ちもし人たる者、常に直ちに神に稟《ひん》して以て事に処するを得れば、為す所にして正を得ざること莫く、政と律例、固《もと》より用う所なし(59)。

兆民も原文に従うように、人びとが「神」のように「善」や「理」を備えた完全無欠であるならば、はじめから「政」や「律例」は不要であると訳出する。さらに「律例」を廃することができない理由を、「人」の性質に鑑みて次のように続けていた。

凡そ事の正を得るものは、遠邇《えんじ》一理、同じからざること有る無し。其の、人の良智に出づるを以てなり。然れども是の物も亦た、未だ頼《よ》りて以て治を為すには足らず。何ぞや。我の人に於けるや、能く良智に聴きて善を為すも、人の我に於けるや、或は未だ然ること能わず。是れ知る、道と云い徳と云うは、その顕罰なきを以て、履む者あり、履まざる者あることを(60)。

凡そ事物の正しさ（〔一理〕）は、「人の良智」に由来する。しかし、そうであるといえ「人の良智」も、国を治めるにあたっては頼りのない手段である。なぜなら自身が「良智」に従って善をなしたとしても、他人が自分に対して同じことをするとは限らないためである。つまり、「道」や「徳」から逸脱しながら罰が伴わないならば、道徳に忠実になる者とそうでない者が必ずあらわれる（正直者が馬鹿を見る）。したがって、ここにおいて「律例」が要される。すなわち、「国を為《おさ》むる者は、道徳の恃むに足らざる、必ず相い約して例規を立て、違えば則ち罰あり、夫れ然る後ち義と利と相い合し、所謂る道徳も亦た其の間に行なわるるを得」る。先述のように兆民は国を治めるにあたり「道徳」のみでは足らないことを認めるが、ただしそれは「道徳」を棄てたことを意味しない。そうではなく、はじめに「例規」（〔律例〕）を立て、「義」と「利」は合し、ひいては「道徳」が行われるとあるように、最終的に「道徳」に辿り着くことに期待する。既に『訳解』の冒頭では「人ことごとくは君子なること能わず、亦たことごとくは小人なること能わざれば、則ち官を置き制を設くる」ことの意義に関する探求を主題とすると述べられていたことに鑑みると、「律例」とは兆民において欠くことのできない制度であった。実際に、「律例」の存在意義に言及した直後の解説では、「国を為《おさ》むる者、律例を舎《お》きて別に治を為するの術」はないとして次のように説明されていた。

又た人の良智あるや、正不正を判別して、失錯あること無し。所謂る道徳なり。然れども道徳は其の賞罰の柄《へい》なきを以て、君子競業《きょうぎょう》として唯だ良智に是れ聴き、敢て悪を為さざるも、而も小人は肆然《しせん》として自《みず》から法度の外に恣《ほしいまま》にす。則ち君子つねに害を蒙り、小人つねに利を享《う》く。故に道徳も亦た未だ

頼《よ》りて以て治を為すに足らずして、律例ついに設けざる可からず。(61)

「道徳」の根本にあるのは、人ならば誰しもが有する「良智」であるから、原理的には普遍的な「道徳」で国を治めることはできるはずである。「良智」に従うことができるのは「君子」ではあるけれども、人は必ずしも「君子」であるとは限らず、自分の欲望に従う「小人」もなかには存するであろう。ゆえに「君子」として「道徳」に従うとしても、「小人」が存在している以上、「害」を蒙る可能性を否定できない。したがって、はじめに「道徳」ではなく、「律例」が設けられなければならないのであった。このように政治制度が個々の人間の内面を改変する余地があると兆民はみなすけれども、これは儒学においても同様に重視されており、例えば朱熹は「大学章句序」で次のように述べている。

蓋し天の生民を降してより、則ち既に之に与うるに仁義礼智の性を以てせざること莫し。然れども其の気質の稟《ひん》、或いは斉《ひと》しきこと能わず。是を以て皆な以て其の性の有する所を知りて之を全くすること有る能わず。一も聡明睿智にして能く其の性を尽くす者の其の間に出ずる有れば、則ち天必ず之に命じて以て億兆の君師と為し、之をして治めて之を教え、以て其の性に復《かえ》らしむ。(62)

朱熹において「愚」・「不肖」が存在するのは「気・質」を受けているためであるが、「性」を完全に維持・発揮するような人間が出現したならば、天は必ずその人をして全人類の天子や「君師」（教師）たらしめる。

この天子は、単に人々を治めるだけではなく同時に教化、すなわち人間を本来の道徳性に目覚めさせ、固有の「性」に復帰させること（「復初」）を任務とする。『訳解』のいう人間の外的に存在する「律例」とは、彼らの内面である「道徳」を陶冶《とうや》するために、言い換えると万人の「君子」化を図るために必要であった。(63)つまり、「律例」に従うことが「道徳」に適うのであり、それはまた全員が「君子」へ至る道程の第一歩となる。それゆえ、みなが「律例」に従い「道徳」的な存在になれば、「小人」不在の「君子」のみしか存しない世界は実現するであろう。そして、その時にはいよいよ「律例」は不要となり、「道徳」に基づく政治が達成される。なお、この「律例」は、他者によってではなく、自らが「君」（Souverain）として発し、自らが「臣」（Sujets）として従うと考えられるのであり、それゆえこれに基づく「共和国」（République）を兆民は「自治の国」と称する。この「自治の国」については次のような解説が施されていた。

今、婁騒は乃ち云う「民みずから律例を為《つく》り、他は羈束《きそく》を受くること無ければ、其の所謂る帝なるもの有ると、所謂る王なるもの有ると、之れ無きとに論なく、皆な之を自治の国と曰う」と。此の言や、遽《にわか》に之を聞けば甚だ奇なるが如きも、徐ろに之を考うれば、此より明かなるは莫し。何となれば、民すでに自から律例を造為するの権を操《と》る、則ち所謂る帝なるもの、所謂る王なるもの、皆な一長吏の類たるに過ぎずして、初めより我の自から治を為すに害なきなり。(64)

本書の補論で詳述するが、そもそも兆民はルソーのいう「共和国」（République）の訳語として「共和の字面」を、不適切であると兆民はみなしていた。なぜなら、「列彪弗利」（République）とは、「中世以来」においては「民みずから治を為すの義」であり、必ずしも「民みずから国に主となりて別に尊を置かざるもの」を指さないためであった。それゆえ兆民にとって、「共和」に代替する訳語として「自治の国」の方が適切であった。したがって、「自治の国」において「民」こそが「律例を造為するの権」を有しているため、「所謂る帝なるもの、所謂る王なるもの」が存するとはいえ、彼らは「一長吏の類」に過ぎない。「自治の国」における最大の特色は、「民」がみずから「治を為す」こと、それはまた「民」みずからが儒学の文脈における「君」の如く「律例を造為するの権を操る」ことができるためであった。

こうした兆民の「律例を造為するの権」が「民」に帰するという考えは、大日本帝国憲法が発布された以降においても譲歩できない重要な命題として認識され続けられた。「衆議院議員の一大義務」（一八九〇年）において、「衆議院議員と成りて議会の椅子を占むることは在野政治家に取て名誉有る仕事」ではあるけれども、「議士」であるからには「一日看尽長安花」のように安堵する態度であってはいけないと戒める。[65]そうではなく、「議員たる者の当に覚悟す可き一大義務」として、「憲法に就て意見を陳述すること」、すなわち「点閲」を求めていた。「点閲」は「国会」において行われなければならないということについて兆民は以下のように強調していた。

憲法なる者は必ず君上と人民若くは人民の代表者と相共に図謀参画して後之を定む可きものなり故に若し国会にして憲法を点閲し意見有るに於ては意見を上奏するの権無きときは是れ国会にして基礎無きな

り夫れ諸般の法律を議定することは固より大事なり然れども国の根幹たる憲法に就て一言を出すを得ざるに於ては其国会は真の国会に非ずして行政の一諮詢官たるのみ[66]

「憲法」は、人民、もしくは議員がともに「図謀参画」することで定められなければならない。その具体的な方法として重視されるのが、「点閲」という人民が「憲法に就いて一言」を発する機会の保障であった。そもそも兆民にとって大日本帝国憲法は、「伊藤博文君」をはじめ「内閣枢密院法制局」という「小部分」によって作られた文書に過ぎなかった。こうした反省も込めて、「国の根幹たる憲法」に「我帝国臣民の大部分を代表する国会」が関与することで、はじめて「真の国会」と称し得るのであった。かつて『訳解』において「政治の由りて立つ所」を「民約」とし、「治術の由りて行わるる所」を「律例」であると解説していた兆民にとって、「国の根幹たる憲法」、すなわち「律例」について人民が陳述することは主権者として欠くことのできない「一大義務」であった。

ところで『訳解』は「律例」の「造為」の方法を、「衆、共に議して以て規条を定むる」と解説していた[67]。なるほど、「律例」の成立にあたり「衆」が「共に議する」こと、すなわち各々が意見を発する議論の契機は、後の「点閲」の発想に繋がるのであろう。そして、『訳解』においても人びとの議論によって「律例」の発する主体を「議院」とみなしていた。例えば、巻之二第五章「人を生殺するの権」の末尾の解説には、「茲《ここ》の君主は、亦た議院を謂う。尋常用うるところの語と混視すること勿れ[68]」と、Souverain を「議院」と結びつけて説明していた。つまり『訳解』は、Souverain と「議院」を結びつけて翻訳することによって「国会」の存在意義を説き、「議院」での議論を通して「律例」が定められるとみなす。しかし周知のように、ルソーにおいて国会に基づく政治体制、すなわち代議制はもちろん、「法」の作成にあたり人びとによる自由な議論の契機は否定的に捉えられていた。それゆえSouverainを「議院」として捉える『訳解』の思想は、その根本において原著『社会契約論』と全く相容れないのである。

そこで次章では、ルソーによって語られることのなかった「討議」が、いかなる機能を有するものとして兆民によって叙述されていたのか、およびこれが行われる「国会」や「議院」がどのように位置付けられていたのかを確認する。『訳解』で「国会」と「討議」を説く兆民は、いよいよルソーと袂を分かつであろう。

第三章　「国会」と「討議」

自由民権運動期に一世を風靡した西洋の思想家としてよく挙げられるのは、J・S・ミル、ハーバート・スペンサー（一八二〇－一九〇三）そしてルソーである。彼らの著作の翻訳書は瞬く間に民権家のあいだで広く読まれ、自由民権運動の原動力となったことはよく知られている。特に、ミルの *On Liberty* の訳書『自由之理』（中村正直《なかむらまさなお》訳　一八七二年）、スペンサー *Social Statics* の訳書『社会平権論』（松島剛《まつしまこう》訳　一八八一－一八八四年）、そして兆民の「民約論」（一八七四年）と『訳解』（一八八二年）は当時の民権家に大きな影響を与えたといわれる。刊行されなかった「民約論」を除くこれら三つの訳書は、「明治初期の三大訳業と称すべき不朽の名訳」として高く評価されているほど彼らの書物は当時の民権家を感化させた。[(1)] 事実、『自由之理』を馬上で読んだ河野広中は「心に深き感銘を覚え、胸中深く自由民権の信条」を獲得し、板垣退助《いたがきたいすけ》は『社会平権論』を「民権の教科書」と評し、[(2)] 宮崎八郎《みやざきはちろう》は（兆民が最初に翻訳した）「民約論」を読み随喜の涙を流した。[(3)] とりわけミルとスペンサーについては、「明治の初めから中頃に至る間、我思想界は一時この二人によつて蔽はれて居つたと云つても敢えて過言であるとは思はれない」と早くから指摘がなされているほどであった。[4]

本章では、兆民とミルとの関係に注目することで、兆民の思想形成にあたりミルがいかなる役割を果たしたのかを考察する。というのも、前章で示唆したとおり、ルソーが積極的に認めなかった「討議」(délibération)の契機を『訳解』が重視していた背景には、ミルの影響が多分にみられるためである。

兆民はフランス留学帰国直後に、官職に就きながら和文で『社会契約論』を「民約論」と題し訳出している。ともに第二編第六章(De la Loi 法について)までの部分訳である「民約論」と『訳解』は、文体のみならず訳文においても大きな違いがみられる。その一つは、「民約論」では十分に展開されなかった(というより原著に忠実であった)、「討議」(délibération)の観念が『訳解』においてはさらに深化したかたちで展開されていることである。[5] つまり、兆民は『社会契約論』で重視されていなかった「討議」(délibération)の契機を、ルソーと異なり積極的に位置付けていた。

たしかに、本書第一章で言及したように、兆民とミルとの関係でしばしば指摘されるのは功利主義である。ミルの功利主義思想は、主に西周《にしあまね》(一八二九−一八九七)によって既に日本に紹介されており(これについては次章で詳述する)[6]、兆民は徹頭徹尾、これに批判的な立場にあった。儒学の観点に基づくことで人の行為の基準を「利」ではなく「義」であるとみなしていた兆民にとって、「利」を第一に考える功利主義は乗り越えられなければならない思想であった。しかし、兆民は決してミルの思想の全てを否定していたわけではなかった。ミルの思想に関して批判の対象となるのはあくまでその功利主義の面であって、むしろ *On Liberty* に深く感化されていたことが兆民の論説から窺い知れる。その際、「自由民権論者が『自由論』あるいは『自由之理』から引くのはほとんどその序論から」であるにもかかわらず、兆民の場合は第二章の内容をとりわけ重視していた。(7) そして、こうしたミルからの影響は、ひいては『訳解』の「討議」の観念に結実することを示すことが本章での課題である。

第一節　東アジアにおける *On Liberty* 受容の様相

兆民におけるミル受容を検証するに先立ち、本節ではその補助線として東アジアにおいてミルの *On Liberty* がどのように受容されたのかを確認したい。近代日本と中国において、異説を互いに突き合わせる自由な討論の意義を強調していた *On Liberty* の思想は逆説的ながら、儒学、とりわけ朱子学の文脈に応じて受容される傾向があった。儒学は、聖人によってあらかじめ定められた逸脱してはならない歩むべき「道」があり、これを適切に履《ふ》み「礼」に則ることを求める。それゆえ、各人の個性を発揮し自分らしく生きることを儒学では忌避の対象とするように、(8) 本来ならばミルの思想とは相性が悪い。しかしながら、異説を有する者との討論は、儒学において必ずしも否定の対象とはならない営為であった。例えば朱熹は、学問の発展のためには学生同士の対等なコミュニケーション、討論の形式をとるべきであると夙に指摘していた。朱熹はまた、『大学』（伝第三章）の「如切如磋者、道学也」に対しても、「学、謂講習討論之事」、すなわち「学」を研究会的な学問の方法であると解説する。(9) 朱熹において他者との意見交換は、「集団の道徳的教育教化のみならず個人の自己修養にも貢献する一つの社会的過程の中で、最も自然な形で実現され」る、個人の自発性の尊重と相互扶助を意味するものであったため重視された[10]。それゆえ朱熹にとっての自由な討論は、何者からも妨害を受けない個人の自発性の発揮であり、格物致知に通じる振る舞いでもあったといえる。

こうした点を踏まえつつ、本節では、活躍した時代も国も異なる明治日本と清末中国の翻訳者たちが、あえて儒学の観点から *On Liberty* の意義の説得をどのように試みたのかを確認する。ここで取り上げるのは、日本の場合は中村正直（敬宇）の『自由之理』、中国の場合は厳復《げんふく》（一八五四－一九二一）の『群己権界論』である。中村正直（一八三二－一八九一）は、徳川政権が瓦解する直前に留学先の英国で感銘を受けた *On Liberty* を、明治に至って『自由之理』と題して日本に紹介した。幕末に、朱熹の教育理念を重視していた昌平坂学問所で御儒者を務めていた中村において、そこでの経験を通じて得た「異説を容認し、それとの討論のなかで道理を明らかにしてゆこうとする態度」があったからこそ『自由之理』は生まれたと評されるように[11]、*On Liberty* と儒学は親和的な関係にあるものとして把握されていた。一八七二年に刊行され、自由民権運動のバイブルの一つにもなる *On Liberty* の本邦初の翻訳『自由之理』は、しかしながら忠実な翻訳書であるとはいえない。李セボンによると、中村は、誰もが根源的に有している「道義ノ心」から発出する意見の多様性を朱子学の観点から正当化していた。ここで重要なのは、中村が功利（utility）の観念をあえて捨象し、「道義」や「理」に立脚することで思想・討論の自由を論じていた点である[12]。事実、功利主義の立場から *On Liberty* は論じられると、ミルによって高らかに表明されていた以下の原文を中村は訳出しなかった。

I regard utility as the ultimate appeal on all ethical questions; but it must be utility in the largest sense, grounded on the permanent interests of a man as a progressive being.（私はあらゆる倫理的な問題に関する究極的の判断基準は、効用であると考えている。ただし、この効用は、最も広い意味での効用でなければならない。つまり、進歩していく存在としての人間にとって永久に替わることのない利益を根拠とする効用でなければならない[13]）

一方、中村は、utility を議論の主題から外したうえで、「天」より賦与され誰もが有する「道義ノ心」を遺憾なく発揮させるためにはどのような方法をとるのが最善であるかを『自由之理』で論点として設定することで、特定の多数の意見を「正」とし、その他を「異」として退けることを不当と考える。society の訳語としてあてた「仲間会所（即チ政府）」が「道義ノ心」の発露を妨害したとき、すなわち「権勢ヲ以テ新見異説ノ人ヲ強テ己レノ宗派ニ従ハ」せることは、「天理ノ公」に悖る行為ゆえに是認されない。つまり、誰もが有する「道義ノ心」に由来する言説同士の討論を「一理」に帰着させるため、「政府」による「新見異説ノ人」の抑圧は「天理」に背く行為であり容認されない[14]。

一方の清朝末期の中国においても、*On Liberty* は朱子学に悖ることのない思想として認識されたうえで紹介された。康《こう》有《ゆう》為《い》（一八五八－一九二七）や梁啓超などによる戊戌政変の失敗から、義和団事件にかけての中国の言論界においては非常に抑圧的な状況にあった。こうした雰囲気のなか、個人の自由を剝奪することに対して痛烈な批判を込めつつ、厳復は *On Liberty* の訳出を行っていた。義和団事件の混乱の最中に紛失したその草稿は、結果的に無事に彼の手元に戻り、一九〇三年に『群己権界論』と題され出版された。[15] このような時代に訳出された『群己権界論』において、「自繇」の観念は非常に切実な問題として表現されている。[16] 厳復は、『群己権界論』の冒頭に訳者解題にあたる「訳凡例」を付し、ここで「自繇」(liberty) の意義を詳しく述べていた。すなわち、西洋語の liberty (「自繇」) は、ある人が言うような「公道」ではなく、あるいは中国語で通用している「わがまま勝手、勝手きまま、遠慮しない」という消極的なニュアンスを含意するものでもない。前者の「公道」は別に justice の訳語として相応しく、後者は後世に付け加えられた意味に過ぎなかった。そうではなく「自繇」とは本来、「slavery 奴隷、subjection 臣服、bondage 約束、necessity 必須」の対義語で、他者からの拘束を受けないという意味であるとの解説を付す。[17] そのうえで厳復の解説は次のように続く。

人が自繇であるとは、悪を為すことを決して求めないことであり、善を為さんと欲することもまた自繇を求めるということである。自繇という字をみるに、一番広い意味でこれをとれば、凡そこれを為したいという意味で、道理に適うことである。もし人が一人ならば、その人の自繇は制限されるのであろうか。善や悪を為すのは全て自分自身であり、どうしてこれを禁じることができようか。ただ人が社会に入ることにより自分も他人も自由になることができる。もし制限や約束がなければ強権の世界に入りお互いに衝突することになるであろう。だから、人は自繇を得ると、他人の自繇との境界線を引くことができる、といえる。これは『大学』のいうところの「絜矩《けっく》の道」であり、君子が天下を平定するのに恃みとするところである。ミルはこの書において、人にとって何が自繇であるのか、そうでないものかを分別する。[18]

ここで注目するべきことは、人びとが「群」(society)に入ることで自分自身の「自繇」と他者の「自繇」との間には線引きがなされるべきであり、これを『大学』に由来する「絜矩の道」に譬《たと》えていることである。[19] *On Liberty* を「群己権界論」と表現するのも、こうした厳復なりの儒学に応じた西洋思想の認識があった。その一方で「訳凡例」には、現状の中国を取り巻く言論状況をめぐって、その逼塞の原因の一つとして儒教が挙げられていた。すなわち、「西洋において言論の「自繇」の敵は「宗教」であり、ミルはこれに関して多く言及していた。一方で中国では李卓吾《りたくご》への弾圧をみれば分かるように「綱常名教」であり、その言論の「自繇」を容認しない程度は、西洋のそれを超えるほどである」[20]。つまり、画一的な教義を設定するキリスト教や儒教は、これに反する意見を異端とみなして排斥し、自由な言論を抑圧してきたと批判する。これを踏まえ厳復は、本文第二章「釈思想言論自繇」(Of the Liberty of Thought and Discussion)の訳文で、「名教」に一致しない「私説」を「異端」「邪説」として排斥することの弊害を強調する。[21] ただし厳復は、本来の儒教は人びとの思想・討論の自由を抑圧するものではなかったという。すなわち、孔子の言について事の是非を明確に検討しなければならないと述べた朱熹をその証左に挙げ、かつての儒学界にも「自繇」が存在していたことを示唆するのである。[22] 教義を固定する現況の有様に不服を抱く厳復にとって、ミルのいう「自繇」は朱熹が理念としていた異説同士の「討論」に背馳しない、本来のあるべき儒教に合致する健全な思想であった。
このように、儒学の文脈に応じてミルのいう思想・討論の自由の意義を理解していた中村と厳復ではあったが、両者ともに「民」にさめた眼差しを向けていた。『自由之理』が自由民権運動の原動力の一つとなった書物であったとはいえ、この運動から距離を置いていた中村は、「人民ノ性質」が「改造」されない限り、「人民」の政治参加に否定的であった。中村は「人民ノ性質ヲ改造スル説」（一八七五年）において、「御一新」（明治維新）が「政体」の変化でしかなく「人民」の「一新」には及んでいないことを問題にし、次のように述べる。

民選《ママ》議院ハ民心ヲ一新スルノ一助タルコトハ固ヨリ論ズルヲ待タズ。但シコ、ニ一ツ着眼スベキモノアリ。民選議院創立シコレニ由テ人民タトヒ幾分ノ政権ヲ上ヨリ分チ得タリトモ矢張従来ノ人民ナレバ政事ノ形体少シク変ズルマデノ事ニテ人民ノ性質ヲ改造スル主要ノ功効ハアラヌコトナリ。然ラバ人民ノ性質ヲ改造スルハ如何トイフニソノ大分ニアルノミ。芸術ナリ教法ナリ(23)

「民選議院」の開設は明治維新の課題である「民心ヲ一新スル」役割があるとはいえ、現状の人民の気風では不可である。ここでの「新」とは、「其の旧を革《あらた》むるの謂なり。言うこころは、既に自ら其の明徳を明かにす。又た当に推して以て人に及ぼし、之をして亦た其の旧染の汚を去ること有らしむべし(24)」という『大学章句』の定義が踏まえられている。それゆえ中村にとっての「一新」とは、人が心を洗って悪を除き去り、真に自分を新しくすることを意味していた[25]。したがってこの際、中村は荻生徂徠《おぎゅうそらい》のいう聖人によって作為された政治制度による統治ではなく、人間の内面の改革が政治の安定につながるとみなす朱子学に立脚していた[26]。朱子学に依拠する中村は、「民選議院」に参加するためには「民」の「改造」がはじめに達成されなければならず、そうであってはじめて安定した政治が実現すると考えていた[27]。「民」に対する不信が払拭されない以上、政治参加は認められないと考えるのは厳復においても同様であった。というのも、厳復は「民智」を発達させる手段として「自繇」を捉える傾向にあったためである。つまり、原著の *On Liberty* が個人の自由の保障を目的としていたのとは異なり、『群己権界論』の「自繇」は「民智」を前進させる手段として扱われる[28]。例えば『群己権界論』は、現状の儒教を念頭に入れ、画一的な教義の設定が「民智」の向上に際し最も警戒すべき事柄であると次のように強調していた。

「民智」に関して最も憂いとするところは次の点にある。すなわち、確乎とした一つの教義を設定することで疑義を呈する機会をなくし、そうすることで議論する契機をなくし、さらにそうすることによって思慮することをなくしてしまうことである。「「名教大義」が眠ってしまい久しい」との哲学者の言を私は聞いたが、まさにこの言葉につきるのである[29]。

一つの教義を打ち立てそれ以外を異端として排除するのではなく、多様な意見を認めたうえでの活発な議論や思索によって「民智」は発達する。しかし今ではすっかり影を潜めているが、本来の儒教は現在のそれと異なっていたに違いないと厳復は確信する。この一節に「名教大義が人心において陳腐で無益なのは、言論の不自繇に由る」との評注を付すように、[30]自由な思想・討論が「名教」(儒教も含む)の活性化をもたらすと厳復は期待してやまない。[31]教条化した儒教の教理に反するような言論に制限をかけることに警戒心をもつ厳復にとって、聖賢の言であったとしてもその是非を論じる作業を抜きにすることはできなかった。なぜなら、言論の自由こそ「真理」の追求にあたり欠くことはできず、それがひいては中国における「民智民徳」の向上や発達をもたらすためであった。「真理」は、古人の言に欺かれるところとならず、権勢に屈するところとはならない。また「真理」は、敵から出たとしても事実として認め、偽りは「君父」から出たとしても従ってはならない。それゆえ、然るべき「真理」を見出すためにも自由な言論と討論は必要不可欠である。そこから獲得できる「真理」を愛することによって中国は、現在の段階よりもさらに先に進むことができるのである。[32]「ソーシャル・ダーウィニズムの影響を受けなかったこと」が本来の *On Liberty* の大きな特徴であったにもかかわらず、このように『群己権界論』においては「ミルの思想の多くを、スペンサー的な範疇からなる枠組に無理に押し込む」記述がみられる。[33]要するに厳復は、スペンサーの社会進化論に基づくかたちで、社会における思想・討論に係る忌憚のない議論が「民智」の向上を促すと考える。そして「民智」を向上させ、安定した政治を実現させるためにも「自繇」は、ルソーのような「斯民生而自繇」(人は生まれながらにして自由)ではなく、自ら進んで獲得されなければならない。[34]

厳復が、「自繇」によって基礎づけられる「民智」の発達を重視するのは、民の政治参加、つまり議会を開設するにあたり欠かせないためでもあった。しかし「民智」が十分に向上していない状態で議会を開設することは時期尚早であり、警戒すべきことであった。事実、アダム・スミス *An Inquiry into the Nature and Causes of the Wealth of Nations*（『国富論』）の翻訳『原富』（一九〇二年）の「案」で厳復は、「欧州議院の制度は時間をかけて民の智識の上達によって、ようやく運用されるに至った。翻って今日の中国において変法をいう者は議院の設立を切望しているが、民の智識が充分に発達していないため時期尚早である」として、現時点での「議院」の開設に消極的な意を表していた。[35] したがって「民智」の程度如何を「議院」開設の基準とする厳復にとって、孫文《そんぶん》が構想する民国の実現よりも、君主制のもとでの「民智」の向上の方が切実な問題であった。[36] 健全な議会を運営するためには、まずは「民」の質の向上と、それに伴う国家に無益な醜言（「莠言《ゆうげん》」）が醸し出されない環境を整えることが大事であった。そもそも厳復の用いる「民」には、個々人の観点が乏しい。それゆえ「私」たる「個人」を矮小化して、「公」たる「群」の質をいかに向上させるかが重大な関心事となる。[37] 西洋列強の圧力に動揺していた清末中国において厳復は、かつての儒学界に存在していたであろう「自繇」の思想が「民智」の発達をもたらし、ひいては国家の安定のためにも有意義であるとミルの思想を介して自覚することができた。

もっとも、ミルにおいても思想・討論の自由は議会の問題と無関係ではなかった。つまり、自説に対する批判、反論を受け容れる論争や討論によって、人類は真理に近づき、社会は進歩することができるという *On Liberty* の内容を踏まえたうえで、こうした思想風土を活かし得る最も合理的で最善の統治が代議制に他ならないと *Considerations on Representative Government*（『代議制統治論』）では説いていた。しかも代議制は「社会に現存している平均水準の知性と誠実さを、最も賢明な社会成員の個々の治世や徳とともに、他の組織方法よりも直接的に統治体制に集約」する機能を有するように、[38] 知的で誠実な人間による政治参加をもたらす。ミルから大いに感化された中村や厳復においても、代議制の実現とそこでの健全な議論のためにも、はじめに人びとの「民智」の発達が欠かせなかった。[39]

第二節　『民約訳解』と「国会」

兆民とミルとの関係を考察するにあたり、はじめに明治日本における *On Liberty* の翻訳『自由之理』の位置付けについて確認したい。そもそも『自由之理』は、「実際に読まれたかどうかは別として、書名が広く知られているという意味では、そのポピュラリティはかなり大きかった」のであり、とりわけその評判が高まるのは、発刊後十年程の間であった。[40] またこの期間に興隆した自由民権運動も相俟って「自由」という語は瞬く間に流行し、それに伴い「自由」が次第に空疎な内容にもなっていく。こうした自由民権運動の限界について丸山眞男《まるやままさお》は、自由民権運動が道徳の内面化を問題とせず、「もっぱら個人乃至国民の外部的活動の範囲と境界をめぐっての争いであった」ことの例として、先にも触れた河野広中による『自由之理』の読後感を例として挙げている。

ジョン、スチュアルト・ミルの著書で、中村敬宇《けいう》の翻訳した『自由の理《り》』と云へる書を購《あがな》ひ、帰途馬上ながら之を読むに及んで、是れまで漢学、国学にて養はれ、動《やや》もすれば攘夷をも唱へた従来の思想が一朝にして大革命を起し、忠孝の道位を除いただけで、従来有《も》つて居た思想が木葉《こっぱ》微塵の如く打壊《うちくだ》かるゝと同時に、人の自由、人の権利の重んず可きを知り、又た広く民意に基いて政治を行はねばならぬと自ら覚り、(41)

丸山は、「忠孝」観念こそ主体的自由の確立に際して真っ先に対決されるべき対象であったにもかかわらず、河野においてはそれがいとも簡単に考慮から外されていることを踏まえて、「近代的人格の前提たる道徳の内面化の問題が自由民権論者に於ていかに軽々に片付けられて」いたのかを指摘する。そのうえで、このような性質を持つ「民権」が後に「国権」へ回収されるのは必然の成り行きであったと主張する。(42)それはまた自由民権運動が、「政治的に昂揚したとき、自由は単なる政治的スローガンとなり、人々の関心は民選議院という政治制度の問題に集中した(43)」という点に通じる。言い換えると、民権家をとりわけ感化させたのが *On Liberty*（『自由之理』）の序論であったということにも関わる。序論においてミルは、政治的支配者が「被治者である国民に対して必然的に敵対的な立場にあると考えられていた」ことを前提に、自由とは「政治的支配者の専制から保護される」と述べていた。(44)要するに、自由とは「支配者が社会に対して行使してもよい権力に制限を加えること」であって、その際に制限の方法として次の二つが挙げられていた。(45)第一に「特定の事柄には介入しないという公認」を支配者から獲得し、政治的自由を承認させること。第二に議会などの設置によって「立憲的な制約を打ち立てることである(46)」。中村は、ミルが述べていた自由の獲得の過程を訳出するにあたり、「君主民ヲ治ムルノ権ニ、限界ヲ立テ定」めることを「リベルテイ」と定義する。[47] 元々「ソノ施コシ行フトコロ、往々人民ノ好ムトコロニ従ハザルノミナラズ、人民ヲ抑ヘ、ソノ自由ヲ防グコト、敵国外患ヲ防グニ異ナラ」ない「君主」からの「暴虐ヲ防グ」ために「リベルテイ」を欠かすことはできない。[48] そのうえで「君主ノ権ニ限界」を定める方法には次の二つがある。第一に「君主巳《ママ》レ等ヲ治ムル権ヲ限リ、君主ヨリ承允シタル約定ヲ得ル」こと、第二に「人民ノ心ニ、巳《ママ》レ等ノ利益トナルベシト思フコトハ、コレヲ言ヒ表ハシ、立テ律令ト為スヲ得ル」とあり、これらの保障により「統治ノ権ヲ圧束スル」ことが可能となる。[49] そのため、「議院ヲ立、天下ノ公論ヲ伸張シ、人民ノ通義権理ヲ立テ」ることを宣言した「民撰議院設立建白書」からはじまる自由民権運動を担い、『自由之理』に感化された壮士たちにとっての優先事項は、民意の反映、すなわち「人民」の政治参加であった。したがって、彼らにとって *On Liberty*（『自由之理』）で論じられる「思想・討論の自由」（「思想及ビ議論ノ自由」）をはじめとする市民的自由は政治的自由の二の次とされる。これにより、例えば福澤諭吉によって「参政権」と「私権」の両方を含むべきだと思念されていた「民権」は、自由民権運動家たちによって専ら前者の観念のみが重視される事態に至るのであった。[50]「よしやシビルはまだ不自由でも、ポリチカルさへ自由なら」という民権歌に顕著にみられるように、市民的諸自由よりも政治的自由に重きを置いたことが自由民権運動の大きな特徴であり、そうであったがゆえに国会開設によってこの運動はひとまず満足すると同時に、「民権」観念もまたその重要性を失い、衰退するに至った。

　加えて、そうした事情の背景には『自由之理』における訳語にも関わる。ここでは、中村による liberty と society に対する訳語「自由」と「仲間連中即チ政府」を確認しておこう。まず前者について、そもそも西洋における liberty, liberté は本質的に反「欲望」的なものであったが、近代日本のもつ「自由」は「欲望」を肯定し、「欲望」の趣くままに行動する観念として把握される。[51] 近代西洋の市民社会は「欲望の体系」（ヘーゲル）であり、解放された「欲望」といかに向き合いこれを克服するかという課題に応答するものとして、ロックやルソーに端を発する liberty, liberté の思想がある。[52] 欲望のまま赴く自由を克服しない限り liberty, liberté（特に市民的自由）は生まれないにもかかわらず、近代日本の場合は、封建制から脱却した「今こそ情欲を専らにすることができる」ものとしての「自由」、すなわち「欲望自然主義的自由」が流行するのであった。[53] このような西洋思想の系譜を継ぐミルの liberty に対して中村は、訳語としての妥当性に懐疑的ではあったものの、「自由」という漢語をあてた。[54]『自由之理』における個々人の「市民的自由」の観念の希薄化は、society に対する訳語「仲間連中即チ政府」が大いに関わる。soiety が「政府」にとってかわることにより、ミルの重視する「多数の専制」が個人に対する自由に及ぼす影響についての議論は影を潜め、専ら「政府」対「人民」という集団間の対立関係に還元された。[55] こうした図式への転換は、「人民」が一つの有機的実在、言い換えると「人民」は一つの意志を持つものと前提とされることで、「「人民」の運動としての自由民権運動の中で個人の諸自由が軽視されるだけではなく、個人の意思からどのようにして集団の意思を形成するかという」契機の欠落に繋がるのであった。[56]

ミルと異なり、ルソーの場合は徹底的な反議会主義者であった。ルソーによると、各人の一般意志に合致する「法」の形成とそれへの服従が支障なく遂行されるためにも党（brigues）のような部分的結社（associations partielles）の存在は容認されなかった。ルソーにとって一般意志がよく機能するためにも、国家のなかに部分的結社がなく、各市民（chaque citoyen）が自己の意志だけに従って意見を述べることが肝心であった。それゆえ部分的結社の一つである議会をその根幹に置く代議制は、人民を代議士の奴隷とさせる「自由」（liberté）の実現を阻害する忌むべき政治制度であった。(57) それにもかかわらず、『訳解』において兆民は、「国会」での délibération を通じた volonté générale の形成を説くことになる。というのも、兆民は同書の「叙」において「泰西の諸国」が「文物の豊」、「学術の精」、さらには「兵馬の強き」理由を以下のように、「国会」に求めていたためである。

其の政を為すや、或は君を立て相《しょう》を置き、或は民あい共に治を主《つかさど》る。体制おのおの同じからずと雖も、要するに皆な所謂《いわゆ》る国会なるものを置き、民をして誉望ある者を票選して之を薦《すす》めしむ。租賦律例、海陸軍政より、以て隣国と往復交接するにいたるまで、一《いっ》に衆議に由って決を取る。其の広く民志を通じ、禍乱を未だ萌《きざ》さざるに防ぐは、豈に亦た人情に因りて裁成せる者か、非か。(58)

兆民は、英国をはじめとする西洋各国が政体を異にするにもかかわらず列強である理由を、いずれも「国会」を設置しているためであるとみなす。ここでは、選挙を通じて「民」によって選出された「誉望ある者」が「租賦律例、海陸軍政より、以て隣国と往復交接」に係る政治的意思決定に与るが、それはすなわち「衆議」に則る議決に他ならなかった。「民志」を通じ、「禍乱」を防ぐにあたっても「国会」という装置は実に有効な手段として兆民によって認識されていた。ここで重要なのは、こうした「国会」の存在意義が、代議制を嫌悪していたはずの『社会契約論』の翻訳書の冒頭において堂々と表明されていることである。それゆえ、『訳解』の本文においても国会の意義は強調されることとなる。[59] 特に、「律例」を発する主体であるSouverainの訳語「君主」は、兆民において「議院」の謂いとして解説されていた（「茲《ここ》の君主は、亦た議院を謂う。尋常用うるところの語と混視すること勿れ[60]」）。つまり『訳解』は、来る一八九〇年の国会開設を念頭に入れたうえで、ルソーのいうSouverainを「衆議」が行われる空間、すなわち「議院」や「国会」に置き換えたうえで議論を展開していた。

そして、そこで期待される営為こそ人びとによる忌憚のないdélibération（「商議」「討議」）に他ならなかった。なるほど、ルソーは自己の意志に従った意見表明は、一方において一般意志を成立させるにあたり意義があると述べていた。他方で、『訳解』の訳出の対象外であった第四編第二章「投票について」では、以下のように人びと同士の意見交換を警戒すべき営為として捉えていた。

> 様々な意見が満場一致に近ければ近いほど、一般意志もまたそれだけ支配的である。しかし、長々しい討論、紛糾、混乱は、様々な特殊利益が影響力をもち、国家が衰退しつつあることを示すものである。[61]

様々な意見は一般意志に近似するほど好ましい。反対に、これとは異なる意見が存する状態で、しかも「長々しい討論」(longs débats)が続くようならば、国家に対して悪影響をもたらすために否定されなければならない。しかし兆民の場合は、個々人の意見の多様性、およびそれを踏まえたうえでの「討議」の契機は何よりも重視されていた。この点を『訳解』から検証するに先立ち、まず他の著作から確認してみる。例えば、「言論ノ自由」（一八八一年）では、政府による言論弾圧の弊害を次のように述べていた。

> 政ヲ為ス者、言論ノ自由ヲ防遏スルトキハ其害実ニ勝ゲテ言フ可ラザル者有リ、蓋シ邦国ノ益々盛隆ニ赴ク所以ノ者ハ、人々各々其才性ニ随フテ思考スル所有リテ、其精理妙義ヲ得ルニ及ビテハ、或ハ之ヲ口ニ発シ或ハ之ヲ書ニ筆シ然ル後以テ之ヲ衆ニ伝フ可キナリ、若シ政ヲ為ス者言論ノ自由ヲ防遏スルトキハ、我レ一旦夫ノ精妙ノ理義ヲ得ル有ルモ、意ヲ縦ニシテ之ヲ口ニ挙グルコトヲ得ズ心ヲ恣ニシテ之ヲ書ニ筆スルコトヲ得ズ、是ノ如クナルトキハ所謂精妙ノ理義ハ、我ガ脳底ニ鬱蓄シテ一タビ外ニ発洩スルコトヲ得ズ、天下後世ノ人モ亦由リテ以テ其利ヲ享クル無シ[62]

既に施行されている「新聞条例集会条例演舌条例」を念頭に入れつつ、政府の言論弾圧による「精妙ノ理義」の獲得の妨害がここでは警戒されている。個々の有する「才性」に基づいた言論・執筆活動を恣意的に制約することで、「精妙ノ理義」を獲得することができないならば、必ずや後世に不利益をもたらすであろう。あるいは、その翌日に発表された「再論言論自由」では、「真理ナル者ハ一人ニシテ其全ヲ獲ルコト有コト鮮シ、甲ノ論者其一部ヲ持シ、乙ノ論者其一部ヲ持チ、丙丁又其一部ヲ持ス、是ヲ以テ必ズ数人ヲ経テ始テ完成スルコト」ができるため、自説を人びとに開陳し「質正ヲ求ムル」討論の態度の重要性を説いていた[63]。なお「反覆論述」に際して「激発」となるかもしれないが、むしろこうした事態は「真理」を獲得するにあたって健全な姿であった。討論による「真理」を追求することが重要であるとするその根拠として挙げられていたのが、「弥児《ミル》」、すなわちJ・S・ミルであった。兆民がミルを援用するのは、「政党ノ論」（一八八二年）においても確認できる。ここではミルに拠りながら、「真理」は「衆説相抵激スル間ヨリ発ス」るため、「大抵皆一片ノ真理ヲ包含」している意見同士を「相討論琢磨スル」ことで、はじめて「完全ノ真理」が獲得されると説かれていた[64]。こうした発想は、国会が開設される直前まで兆民の持論として維持された。『訳解』よりも後の著作になるが、「国会の心得」の副題を有する『平民の目さまし』（一八八七年）もまた、ミルの意見に同調している場面がみられる。「政事とゆふ物は随分錯雑《いりくみ》たるもの故、彼《か》の事はどふするが佳《よ》し此事はどふするが宜《よろ》しと人々の意見が色々に違ふことは已むを得」ない状態において[65]、「道理」を追求する方法は、討論以外にあり得なかった。『平民の目さまし』は次のように述べている。

> 何事に就ても道理は唯一箇《ひとつ》なれども夫れが中々急に見出《みだ》し難きが故に、甲乙丙丁と種々の党派が競ふて張り合い言ひ合ふて互に穿鑿《せんさく》するときは、其中央《なか》から彼の道理が追々と頭を昂《あ》げて人々の目に留《と》まる様に成る事も有る可し、左《さ》は無くして、一人《いちにん》の智慧者《しゃ》が何か一言を吐く度《たび》毎に大勢の人が皆同意して少《すこし》も言ひ合ふ事が無きに於ては、真個《まこと》の道理は出て来る手掛が無きなり、此等の筋合は英《えい》の大学者ミール《ママ》と云ふ人が委《くわ》しく説明《ときあか》し有る事にて他日追々噺《はな》し申《もうす》べし[66]

「一人の智慧者」が導き出した意見にみなが付和雷同したとしても、それは「真個《まこと》の道理」ではあり得ない。[67]「甲乙丙丁と種々の党派が競ふて張り合い言ひ合ふて互に穿鑿する」ことによって、「其中央《なか》から彼の道理が追々と頭を昂げて人々の目に留まる」に違いない、とここでもミルを引き合いに出しつつ、忌憚のない意見の表明と討論が、一つの「道理」を得る要件であると考えられている。したがって、兆民にとっての「国会」や「議院」は、「一箇」の「道理」あるいは「真理」に至るために必要とされる空間であった。[68]あるいは、「政党論」（一八八八年）においても、「政党」を組織する各々が「講究の功を収めて政治の諸目に係りて一定の旨義」を設定し、これらを「討論」させることによって「スチュ《マ》アール《マ》ミルの所謂「真理は両説の触激《しょくげき》に由りて其光を発する」」ことが重要であると主張している。[69]そしてひいては、「民の利益」をなす一つの「真理」を体現するであろう「厖然《ぼうぜん》たる一大日本党なる者」を擁立することさえ可能であると述べるのであった。[70]そもそも、「一元論的な真理の実在に対する強烈な信念」を有していた兆民において、[71]「理」とは「事物の由りて立つ所なるが故に之を分てば万種なる可きも総合し来れば恐くは円々たる単一箇の無形物に帰着す可き筈なり」であるから、「斯の世界の事物細大尽く一理」に包含されるはずであった（「理論は邦家に必要なり」一八九〇年）。[72]たしかにこの「理」（「真理」）を得ることは至難ではあるけれども、人びとの「討論」を経れば、必ず獲得することができる、というのが兆民において譲ることのできない重大な命題であり、その背景には「ミル」の思想があった。とはいえ、たしかに兆民は「討論」「言論自由」の意義について「ミル」を手掛かりに重視していたが、ミル本来の思想において重要な観点を欠落させていた。それは他でもなく、中村と同じく功利（utility）であった。

第三節　「討議」（délibération）の意義

ミルは *On Liberty*（『自由論』）において思想・討論の自由が真理を見出す重要な契機であるとみなしていたが、その際に「反対説」の存在をとりわけ重視していた。例えば、「ある問題について、自分の側の見方しか知らない人は、その問題をほとんど理解していない」、あるいは「反対説の側の根拠に対して反駁できないのであれば、つまり、反対説の根拠についてそこまで十分に理解していないのであれば、その人はどちらの側の意見を選ぶかの根拠を持っていない」と喝破していた[73]。ミルは、「ニュートン理論でさえ、もし疑義を唱えることが許されていなければ、人類は現在のような全面的な信頼感は持てていないだろう」と、絶対的な真理であると考えられている主張に対しても異説や疑義を提起することによって、その確実性をさらに増すことができるとみなす[74]。また、「諸々の教会の中で最も不寛容なローマ・カトリック教会」においてでさえも、聖者を列聖するときに招き入れられる「悪魔の代弁者」（devil's advocate）の如く、「悪魔」が述べる難点や批判にじっと耳を傾ける姿勢をミルは強調していた[75]。なお、ミルが思想・討論の自由の重要性を説くにあたり、人間における倫理的問題の最終的な基準として設定していたのは効用（utility）であった。そのため「人々への危害を防止するという目的の場合」に限り、「本人の意向に反して権力を行使しても正当」であったように、他人の効用を阻害する行為は制限の対象となる（危害原則）[76]。言い換えると、他人に危害を加えない限り、社会が何らかの基準に基づき個人の行為を断罪、制約することは人類の進歩を阻害するため認められない。たとえ個人自らに関わる内容がいかに不道徳なものであったとしても、思想・討論の自由は絶対に保障されなければならなかった。要するにミルは、多数の人が反対の一人の意見を抑えることの反功利性を論じることで、思想・討論の自由の内にある功利性に重きを置いていた[77]。

兆民の場合、一方で「反対説」の存在を重視し相異なる意見同士の真摯な討論によって最終的に一つの「真理」に到達するとの考えを有していたが、他方でミルのいう功利の観点に対してはとりわけ批判的であった。兆民がミルのいう功利主義を積極的に克服されるべき命題であると捉えていたことについては、本書第一章で取り上げた「論公利私利」において顕著にみられた。本節では、その議論を敷衍するにあたり、Alfred Jules Émile Fouillée, *Histoire de la Philosophie*, 1875 の翻訳『理学沿革史』の第一一章「近時英国ノ理学」（École anglaise contemporaine）の項目で、兆民がいかにミルの思想を紹介していたかをみてみよう。

スチュアール、ミル自ラ道徳ノ責任ヲ倡説スルニ於テ矛盾ノ病ヲ発スルコトヲ慮リ、因リテ之ニ易フルニ一種智慧ノ検制ト曰ハンガ如キ者ヲ以テシテ、是ニ於テ其最得意トスル所ノ旨義ノ聯接ノ説ヲ倡ヘテ、曰ク、教育ヲ以テ任ズル者ハ、当サニ務テ子弟ヲシテ其思念ノ中ニ於テ一己ノ私利ト公共ノ大益トヲ合シテ同一旨義ト為サシムルコトヲ求ム可シ、是ノ如クニシテ涵養ノ久ヲ経ルトキハ、徳性自然ニ成就シテ其心、夢想モ此二利を別ツコト無キニ至ラント、スチュアール、ミルノ意以為ラク、人若シ公共ノ大益ト一身ノ私利トヲ別ツコト無キトキハ道徳斯ニ成ラント[78]、

「論公利私利」の場合と同じく、ミルの功利主義の主旨を「公共ノ大益」（公利）と「一身の私利」が別つことなく連続する関係であると把握される。このような主張が「妄像ノ極ト謂フ可シ」と考えていたFouillée によるミル批判を、兆民は次のように訳出する。

今ノ世ニ方リ一身ノ私利ト衆庶ノ公利ト動モスレバ相容レズシテ、乃チ其交闘スルコト是レ吾人ノ親ク見ル所ニ非ズ乎、然ルヲ奚ニ由リ人ヲシテ此二者ヲ合シテ一ト為サシムルコトヲ得ン、旨義聯接ノ理有リト雖モ且ツ施ス所無キナリ、是ヲ以テ利益ノ道学ヲ倡フル者事実ト理論トノ間ニ存スル所ノ此相容レザルノ患ヲ除カント欲シテ、往々別ニ一種ノ制度ヲ創建シテ以テ公私ノ二利ヲシテ実際ニ相合セシムルコトヲ求ムルハ此レガ為メナリ、即チスチュアール、ミルモ亦此ニ慮ル有リ、是ニ於テ乎其最後ノ意亦恰好ノ制度ヲ建設シテ以テ真ノ旨義ノ聯接ヲ得ント欲スルニ至レリ、亦其説ノ窘蹙セルヲ見ルニ足ル(79)

「一身ノ私利」と「衆庶ノ公利」は必ずしも一致せず、ときには対立する。それにもかかわらず、「事実」(faits) と「理論」(idées) の間に存する「相容レザルノ患」(opposition gênante) を解消を図るために、「公私ノ二利」(les intérêts) を相合するような「恰好ノ制度」(organization sociale) を探求する「利益ノ道学ヲ倡フル者」(utilitaires) が批判されている。既に「論公利私利」で、「利の中に公利の目」を立てようとするミルの見解を批判し、「私利」の量的拡大が「公利」であることを否定していた兆民は、Fouillée を通じて功利主義（「利益ノ道学」）の主張が「妄像ノ極」であることを改めて強調していた。このように兆民は、ミルのいう思想・討論の自由と、それによる「真理」の獲得の意義については積極的に是認するけれども、議論の前提であり、しかもミルにとって譲歩できなかった功利の観念は捨象された。それは、兆民にとっての人間は、打算的に「利」や「私」に従って行動するのではなく、「義」や「公」に則ることができるという認識を抱いていたためでもあった。つまり、「利」ではなく「義」が兆民の考える人間の行動基準となる。

本書の第一章で確認したように、こうした発想は、『訳解』においてもみられた。『訳解』は délibération の本質についても次のように定義している。すなわち、「衆議に貴ぶ所のもの」は「唯だ衆囂々《ごうごう》として其の所見を執」ることであり、「議を持するの多寡に由りて纔《わずか》に決する」のではなく、「公志の存するところ」、すなわち一般意志を見出すことであった。(80) ルソーにおいても議論の場において多数を占める意見が一般意志ではなく全体意志に留まるゆえ、議場の多数を占める意見を正当とみなすことはできなかった。兆民の場合は、これに加えてさらに積極的に「討議」を位置付けていた。

> 衆あい会して事条を討議するに、皆な予め時務の需むるところを知り、而して初より私に相い約するところなければ、則ち其の議を発する、必ず各おの己が志を尽す。各おの己が志を尽くせば、則ち其の見るところ、必ず小異同なきこと能わず。而して此の小異同中、必ず協賛を得ること最も多きもの有りて、以て公志の存するところを知るに足る。此の如くなれば、議は常に中正を得て、失錯或《あ》ること無し、是を之れ議事の正法と謂うなり。(81)

「時務の需むるところ」を知り、思い思いに意見を発することは「小異同」を生じさせるけれども、「討議」を通じれば必ず「公志」（volonté générale）に帰着することが説かれている。議論の場においては、相異なる意見を有する人びとが集うけれども、彼らは自分自身にとってではなく、全体的な視野から何が「協賛を得ること最も多きもの」であるのかを理解することができる存在として規定される。かくすれば、「失策」に陥ることのない「中正」に適う「議事の正法」が達成される。兆民にとって、当初の人びとは各々が「其の利」とするところを飽くまで追求するため「争いて已まざる」状態にあった。それゆえ「民約」を結び「法制」が設けられなければならなかったが、この「法制の旨とするところに副」うものが「公志」であった。たしかに、「衆人の利とするところ、洵《まこと》に各おの相い異ると雖も、然も其の間、亦たおのずから相い同じきところ」が必ず存在するはずであるから、各人はこれを獲得するように努めなければならない。「争い」に再び陥らないためにも各自は私利ではなく、「衆人の同じく然りとするところ」、すなわち「理義」を第一に主眼とし、「討議」に臨むことが求められた。このように、個々の「私」から離れて全体的な立場から各自が意見を述べることで「理」に至ると考える兆民は、まさしく儒学的な公論形成を志向していたといえよう。これは、例えば「儒教的民主政へと展開する母体となる可能性をもっていた」と評される横井小楠の「学政一致」や、「議会政治の先蹤《せんしょう》」とも評される黄宗羲『明夷待訪録』の「学校」を想起させる。[83] いずれにせよ、兆民にとっての人びとは、「利」を打算的に求めるような存在ではなく、「義」を行為の基準として設定し、「討議」に臨むことができる者として想定されている。「義」や「公」の立場から意見を発することによって、ひいては「理義」に相当する「公志」（volonté générale）を獲得することができる。人びとが自らの力で「公志」に至るためにも、「討議」という契機を欠くことができず、それゆえに「国会」という場が用意されなければならなかった。

思想・討論の自由の保障は重要であると自覚しつつも、「民智」に対する懐疑を払拭することのできなかった中村や厳復の場合、「国会」に「民」が参与することに強い警戒心を抱いていた。しかし、兆民の場合、「民」に対してそのような不信はみられず、むしろ「利」の追求という私的な振る舞いはなく、「義」という大局的な立場を理解し、「討議」に臨むゆえに「理義」は得られると考えていた。

こうした自身の政治構想が貫徹されるために、すなわち「民」が「義」を志向する「君子」となるにあたり兆民は彼らにある条件を課す。それが「学問」の修得、あるいはその学問の基礎となる漢文の修得であった。つまり、兆民にとって「政治」は、「漢文」を抜きにして語ることができなかった。来るべき国会に参加するべき「民」とは、果たしてどのような者が相応しいのか。そうした問題意識は、「国会」の何たるかを説いていた『訳解』が漢文で書かれた所以にも大いに関わるのであった。

第四章 「漢文」と「政治」

兆民の長男で中国思想研究者であった中江丑吉《なかえうしきち》（一八八九－一九四二）は、生前の父について「おやじは漢文もシナ人が見ておかしくないのが書けた」と回顧している。[1] 事実、『訳解』は若干の文章の修正を経て、中国や朝鮮半島の人びとにおいても読まれている。そもそも、兆民がなぜ『訳解』を漢文で書いたのかについては、自身が何も言及していなかった以上、その実情は不明である。しかし、江戸時代（例えば杉田玄白《すぎたげんぱく》らによる仕事『ターヘル・アナトミア』の漢訳『解体新書』）ならともかく、明治の一〇年代に至り漢文で翻訳するという営為は明らかに異例である。[2] ここで本章の論旨を先取りして述べるならば、『訳解』の漢訳如何は、主権者＝「民」における漢文の読み書きができることを要件の一つとして求められていたことに関わる。『訳解』の文脈に沿いこれを言い換えるならば、「君」（Souverain）に与る人びとは漢文の読み書きができなければならない。本書第二章で論じたように、「君」（Souverain）とは「君子」の集合体であったこと、言い換えると人びととは「君子」たり得るゆえに政治に参加できた。それゆえ、人民主権を説く『社会契約論』の、み
を漢訳した理由も、主権が帰する「君子」たるべき人びとの素養如何を『訳解』は問うていたことに関わ

る。

第一節　漢文で書く意義

東アジアにおいて知識人と称される人びと（君子、士大夫、両班《ヤンバン》等々）は、中国の古典や漢文に明るいことが無条件に求められた。漢文は日本、琉球、中国、朝鮮半島、ベトナム（越南）などにおける共有知であり、各地で使用される言語は異なれども、漢文を介することによって意思の疎通を図ることが可能であった。例えば、先にも挙げたオランダ語の医学書『ターヘル・アナトミア』の杉田玄白たちによる翻訳『解体新書』が、漢文で書かれた理由について玄白当人は次のように証言している。すなわち、「日本・唐・朝鮮・琉球等」において言語は異なるが、「漢文に書候得ば、此等の国々」にも通用するため、「唐迄も渡候は、其節之為と存、唐音書に仕候[3]」。あるいは、明治日本に亡命してきた金玉均《きんぎょくきん》の支援者であった樽井藤吉《たるいとうきち》（一八五〇―一九二二）は、「日本と朝鮮が対等な関係で合同して一体となり【中略】「大東国」という新たな名称の国を建て、中国と合縦して西洋列強の侵略を防」ぐことを主張した『大東合邦論』（一八九三年）を[4]、漢文で書いた。「大東国」の建設を志向する同書は、東アジアの知識人も読者の対象として想定していたことにより、自ずと漢文で書かれなければならなかった。したがって漢文で書物を執筆するという行為は、著者が意図するか否かにかかわりなく、日本を越えて東アジア圏にまで読者を獲得できる余地があったことを意味する。

また、欧文をあえて漢文で翻訳するという行為の背景には、書き手自身の便宜を図るという動機も介在していた。すなわち、動詞のあとに目的語を置く漢文法が、しばしば西洋語の文法と一致するため、和文で翻訳するよりも都合がよい場合もあった。そもそも、幼少の頃から漢学を学び自家薬籠中の物としていた彼らにおいて、和文で書くか漢文で書くかはその時機に応じて使い分ければよく、二つの文体に大きな隔たりを感じるものではなかった。例えば、江戸時代の教育を受けた最後の世代にあたる森林太郎《もりりんたろう》（鷗外　一八六二–一九二二）は、ドイツ語で行われた大学の講義のノートや日記を漢文で書いていた。[5]津和野藩の御典医の家に生まれた林太郎は、オランダ語をはじめ他の外国語にも触れていたが、例に漏れず藩校（養老館）で四書五経などの漢籍を学び優秀な成績を収めていた。[6]明治に入ってもなお、もともと公表する予定のなかった講義録や日記を漢文で書くという行為に外的な要因は存在せず、あくまでも林太郎本人の都合でしかなかった。[7]林太郎においても漢文は国語の一部に過ぎないため、和文との間に距離を感じることなく自在に駆使することができた。

こうした観点を兆民の場合にあてはめると、『訳解』が漢文で執筆されたのは東アジア圏の人びとを念頭に入れて『社会契約論』の紹介を試みたためであったのかもしれない。たしかに『訳解』は中国や朝鮮半島にまで伝播したとはいえ、[8]本人が東アジアを視野に入れて漢訳したと明言していなかった以上、憶測の域を出ない。あるいは、幼少の頃はもちろん、留学からの帰国後にも当時屈指の漢学者の謦咳に接し、漢文、漢学に関して抜群の能力を有していた兆民にとって、フランス語で書かれた『社会契約論』を漢文で翻訳することは、文法の類似性から「さほど負担ではなかった」との見解もある。[9]しかし、漢文と仏文の文法の面での利便性という主張は、兆民が『訳解』を除くフランス語の諸著作の翻訳作業を全て和文で書いていたことによって説得力を失う。[10] なぜ『訳解』のみが漢文で書かれたのかを考察するにあたっては、こうした従来の見解とは異なる別の視点から眺める必要がある。

その他の理由として、儒学の文脈にルソーの政治思想を移し換えることを企図したためであったとする見解がしばしば挙げられる。[11] 幸徳秋水によると、適当な訳語がないからとの理由で妄《みだ》りに「疎卒の文字を製して紙上に相踵《つ》」ぐ昨今の翻訳書に対して兆民は、実に見るに堪えないし、読解することもできないと嘆いていた。適当な訳語は必ず漢籍に記載されているため、よい訳書を拵《こしら》えるためにも訳者自身が勉強しなければならなかったのは漢学や漢文であった。[12] たしかに、『訳解』においては『社会契約論』の用語が儒学に由来する言葉に置き換わる場面が、秋水の証言どおりに散見される。しかしそれでもなお、現在確認されている訳書のなかで、なぜ唯一『社会契約論』のみが漢訳の対象とされたのかについては、十分にこたえることができていない。そもそも、教養人にとって馴染みのある儒学の用語でルソーの政治思想を紹介するならば、別段漢訳でなくとも構わなかったはずである。同時代の知識人の翻訳書においても、儒学の言葉で西洋の概念を説明しているものが多くみられるが、彼らは漢文で書かなかった（むしろ明治思想空間において漢訳という訳出の方が異色である）。例えば、先述した『自由之理』の場合、儒学の文脈に応じてミルの政治思想を受容していたとはいえ、和文で書かれていた。儒学者であった中村も、もちろん高尚な漢文を書くことができたとはいえ、『自由之理』に対して、かつて同じく幕臣であった大久保《おおくぼ》一翁《いちおう》（一八一八－一八八八）は「こたひ、をむりばるてひ〔*on liberty*〕といふ書をたれにもしらるる詞もてときあかされ」との序文を寄せていた。[13] 中村は、できるだけ多くの人にミルの思想を読んでもらうために分かりやすい文章で書き、さらには漢字にはルビを付すという工夫を周到に施していた。[14] 一方で『訳解』の場合は、『自由之理』にみられるような読者への配慮は一切みられなかった（強いて挙げるならば、漢文に訓点を施しているくらいであろうか）。

先述のように、フランス留学から帰国し『社会契約論』を翻訳するに先立って兆民は、高谷《たかたに》龍洲《りゅうしゅう》（一八一八―一八九五）、三島中洲、岡松《おかまつ》甕谷《おうこく》（一八二〇―一八九五）という当時屈指の漢学者が主宰していたそれぞれの塾に通い、漢文の習得に勤しんだ。徳富《とくとみ》蘇峰《そほう》（一八六三―一九五七）によると、「兆民故岡松甕谷翁に親炙《しんしゃ》して、頗る得る所あり。其の漢文を作る、高渾《こうこん》樸実《ぼくじつ》、其の傑作は、殆ど秦漢に逼《せま》る」ほどに上達した。[15] 同じく蘇峰は、「予はかねて岡松先生から中江氏が仏蘭西学者にして、特に漢文の達者なる事を聴いてゐた」と証言しているように、甕谷も兆民の漢文能力を高く評価していた。[16] したがって、漢学塾における修業を糧にした兆民は、より一層の自信をもって『社会契約論』の翻訳に挑むのであった。[17] しかし、それは同時に『訳解』を頗る難解な書物とさせる要因にもなった。そこでは、『左伝』、『易』、『荘子』などの漢籍が自由自在に使われているため、一般人にとっては肝心のところが分からずほとんど売れなかった、と小島祐馬《おじますけま》は述べる。[18] 例えば、『社会契約論』の冒頭「人間はいたるところで鉄鎖につながれている」に対する兆民訳「今也天下不尽免徽纆之困」は、『易経』の「係用徽纆、寘于叢棘、三歳不得、凶」を踏まえていないと理解できない。『訳解』の文体が難解であったために、ほとんどの人に読まれなかったという事実は、これに後続する翻訳者にとっても裨益するところが少なかった点からでも窺える。『訳解』の翌年に出版された原田潜による翻訳『民約論覆義』（一八八三年）は、ルソーの論理を十分に理解することができなかった服部徳の『民約論』（一八七七年）に依拠していたため、しばしばそれに追随するかたちで論理破綻がみられた。ただし、第一編の翻訳については、兆民訳の単行本を参照にしている痕跡が認められるため、「思想的混迷を比較的まぬがれ」ることができた。[19] しかし第二編の兆民訳については、掲載されていた『欧米政理叢談』が予約購読者に限定されていたため、原田にとって事実上第一編のみしか参照することができなかった（そのため、第二編以降の原田の訳出は、益々混迷に陥ることになる）[20]。狭間直樹《はざまなおき》は、時間的には何らかのかたちで手にすることができたはずの第二編の兆民訳を参照しなかったのは、一方で原田の怠惰であると指摘しつつも、他方で「参照の効果をあまり上げることができなかったこと、つまり兆民訳を十分に読みこなせなかった」と推測している[21]。あるいは、民権論を圧伏することを企図していた加藤弘之《かとうひろゆき》（一八三六―一九一六）による転向の書として名高い『人権新説』（一八八二年）に対する当時の多数の反駁に関して狭間は、『訳解』に依拠したものはないとしたうえで、『訳解』が民権論者たちに十分に読解されていなかったことを指摘する[22]。明治においても十分に読まれることのなかった『訳解』は、大正時代に至って益々敬遠される書物となった。例えば一九一九年に出版された『社会契約論』の解説書である藤田浪人《ふじたなみと》『民約論』の序文は、同書が刊行されるに至った経緯を次のように説明している。すなわち、『社会契約論』という「世界的名著が今から四十年前、西南戦争の起った明治一〇年頃から、殆ど絶版となり、原書は云ふに及ばず、訳書さへ無いのは惜しいことだと思って居た」。そして、当時の図書館にあったのは「故中江兆民氏の漢訳の一部分が、雑誌太陽の増刊に掲載されて居る丈」であった[23]。藤田によると、服部徳や原田潜による全訳がこの時点で絶版であり、わずかに手にすることができたのは『訳解』のみであった。とはいえ、これが部分訳であったことを藤田は強調しつつも、同時に漢訳であったことも読者からの需要がない要因であると示唆するのであった。いずれにせよ、当代の知識人にとっても『訳解』の漢文が隘路《あいろ》であり、ましてや一般人において同書はルソー理解に資するものでは到底あり得なかった。日本において漢文が特別な地位を占めていた最後の世に問われた『訳解』は、漢訳ゆえに多くの読者を獲得することはできなかったけれども、同時に漢文で書かれていたために高い評価を得たという矛盾した書物であった。[24] そもそも『訳解』は読者にとって不親切であることは、高名な漢学者の謦咳に接し抜群の漢学・漢文の能力を有していた兆民自身が、誰よりも自覚していたことであろう。それでは、なぜ兆民はこれほどまでに漢文体に拘《こだわ》ったのであろうか。その手掛かりとして、明治時代に『訳解』と同じく西洋の著作を漢訳した稀有な事例である、西周の『利学』に着目し、その思想をはじめに確認する。

第二節　西周における「漢文」と「君子」

多かれ少なかれ東西思想の対比・対決のなかで成立した近代日本の思想において、漢学で西洋思想を摂取、理解しようとした兆民と同じく、西周もまたこの点で際立った人物であった。[25] というのも西は、J・S・ミルの *Utilitarianism*（以下『功利主義』と称す）を一八七七年に『利学』と題し、ミルの功利主義体系を日本に紹介していたように、兆民に先駆けて西洋の著作を漢訳していた。『利学』に関する先行研究によると、同書の主眼が「君子の哲学」を紹介するところにあったため、西はあえて漢文でミルの政治思想を「君子」に向けて紹介していた。この際に西は、徂徠学における「君子」を念頭に入れていたため、「君子」ではない「民」を『利学』の対象読者から外した。[26] こうした事情の背景には、西の「民」認識が関係している。そこで、はじめに西において「民」はどのように捉えられたのかを確認する。

国会開設の気運の高まりと、その理念の探究は明治六年の政変で下野した板垣退助らによって提出された「民撰議院設立建白書」を契機とするが、同時に、自由民権運動に距離を置いていた知識人の多くは、先にみた中村正直のように、国会開設に対して時期尚早であると消極的な見解を抱いていた。西もまたその一人であり、「駁旧相公議一題」(一八七四年)において、人びとが国政に与れるほど開明的ではないとの理由で、早期の「議院」開設を批判していた。[27] さらに、人民の私権と公権は、各人が租税を払うことによって保護の対象になるとはいえ、あわせて参政権も保障されるものではないことを、ルソーの説く「国民約束《コンタラソシャール》」を持ち出しても不可であるとみなす。すなわち、西は「政府ヲ以テ全ク約束ヨリ成ルトスルモ政府ノ事ヲ与知スルノ権利ハ租税ヲ出スト相対スルノ権利」ではないものとして把握する。[28] たしかに、この論説は「議院ヲ起スノ可否ニ就テ」を主題とするものではないと断っているが、いずれにせよ西は、現状の人びとにおいて「開化」が進まない以上、「議院」の設立に否定的な立場をとっていることに違いはない。[29]

西の現実主義に基づいた「民」に対する眼差し、それに伴う「民」に対する不信はその翌年に『明六雑誌』に投稿された功利主義、特にミルの utilitarianism を肯定的に評価した論説「人世三宝説」においても反映されている。ここでは、「人間社交ノ道」によって「公益《パブリックインテレスト》」を得ることが主張されていた。西は「公益」を「私利《セルフインテレス》ヲ合スル者」、「私利ノ総数《アグレゲート》」と定義したうえで、[30] 次のように述べている。

而テ私利ハ個々人ノ身体健剛、知識開達、財貨充実ノ三ツニ出ス、私利ト云フハ個々人々ニ就テ言ヒ、公益ト云フハ社交一体ニ就テ言フ者約マル処三宝ヲ利スルニ外ナラス、故ニ人苟モ道徳ヲ脩メムト欲セハ己レカ三宝ヲ貴重スルニ始マルナリ[31]

彼がとりわけ重視する概念が「三宝」、すなわち「健康《マメ》」「知識《チエ》」「富有《トミ》」という「修己治人」に際して貴重されるものであった。そしてこれらを大切にすること自体が道徳的な行為であり、「最上極処ノ一般福祉」すなわち最大多数の最大幸福に繋がると考える。西は続けて何故これら三つが人世における「宝」であるのかを説く。「健康」は、「生命ヲ保全スル」ため。「知識」は、人間の性質が「凡ソ有生ノ属他ニ勝ツ」ものである以上、「個々人々《インデヰデュアル》心力ヲ以テ相勝ラント欲」するならば、「進達」しなければならないため。「富有」は、禽獣と異なり人は「財賄百貨ヲ要シ、又其貯蓄流通分合［是経済学ノ論ニ属ス］ヲ便易ナラシムル為ニ貨幣ヲ要」するためである。これらはいずれも「日夜孜々《しし》汲々己カ労ヲ厭ハス己カ力ヲ尽シ」て、個々人が「躬行《コンダクト》」しなければならないものであった[32]。人びとは不断の努力によって、「天」より与えられた「三宝」を大切にしなければならず、これを怠れば「疾病」「愚痴」「貧乏」という禍を蒙る。ミルの utilitarianism に基づかれて展開される西の主張は、近世日本において「利」がしばしば肯定的に捉えられたため（ただし無条件にではなく）、こうした風土の延長線上に位置付けられている[33]。そのため先義後利を説く儒学は、西の議論に警戒するであろう。事実、兆民は「利の汎く人に及ぶ」ことを「公」とみなす功利主義を非として、儒学の観点から批判していた（「論公利私利」）。ここで兆民は、「義は体なり利は用なり、体は以て用を出し用は以て体を成す[34]」との命題が成立することを示し、反対に「利」のために行動すれば、「尊卑交〻相賊《そこな》」い「何の義か之れあらん、既に已に義なし、何の利か之れ生ぜん」という状態になることを主張していた。そもそも儒学は、西や功利主義者の説くような幸福になることに無関心である。『論語』や『孟子』は、生きることを幸福の前提とみなすが、生存よりも道徳の実現を優先する。つまり凡その儒者は、善いことをすれば幸福になれるという因果を否定し、善いことは善いことだからするという勧善を行為の基準として考える[35]。さらに朱子学者においては「徳のある人は、福・禄・寿を享受」することが当然とみなされるため、道徳的ならば幸福は自ずと獲得される[36]。したがって西のいう「最上極処ノ一般福祉」を得るための「三宝」の貴重という発想それ自体が、そもそも儒学では問題にはならない。「私益」にさえ注目すれば「最上極処ノ一般福祉」という公益が達成されるとする「人世三宝説」の議論は、儒者にとっては納得できるものではなく、その限りにおいて西は儒学から自由な立場にあった[37]。

ただし、「人世三宝説」のみを以て西の utlitarianism 体系を説明することはできない。すなわち、従来「あまりにも無視されすぎてきた」と評される、ミル『功利主義』の翻訳『利学』も合わせて考慮の対象としなければならない[38]。そして本書の関心に則するならば、『利学』もまた漢文で書かれた翻訳書であったことを強調しなければならない。先行研究は、『利学』を原著の『功利主義』と比較することによって、「君子の哲学」として位置付けている[39]。ミルの功利主義においては、各人は公益（public utility）を目指す必要はなく、自分自身あるいはごく少数の関係者の利益を求めれば十分であった。そして最も有徳な人（the most virtuous man）ですら、そのような態度は求められず、個々人は私的な効用あるいは少人数の誰かの幸福に留意すれば十分であった。全体に配慮しなければならない事態が生じるのは、利己あるいは自分の関係者に利益を与えることによって他の誰かの権利を損ねる場合に限られる。(40)『自由論』のいう危害原則に則るかたちで、個々人は利益・幸福を追求すればよく、他者、あるいは社会全体の公共の利益について考慮する必要はなかった。このような『功利主義』の主旨を西はたしかに理解していたにもかかわらず、次のような原著に反する奇妙な一節をあえて『利学』に挿入させていた。

故に人苟も機会を得て［蓋し千人中一人］博く施し済ふの権を有する者、［言ふは恵民の官に居る者］、固より非常に属す。唯だ此の如き時に当りて則ち自ら公益を謀るの責めに任すへし。(41)

本来例外的な存在としてミルによって位置付けられていたpublic benefactorに対して西は、「博く施し済ふの権を有する者」や「恵民の官」と定義し、いかにして「公益」を実現し得るのかという議論に置き換えている。つまり、「博く施し済ふの権を有する者」や「恵民の官」は、一般人のように私利を追求することなく（「其の嗜慾を禁すること、亦た当に一層厳なるへし」）、個々人の私利を調整し全体に「公益」をもたらさなければならない。そしてこうした事業を担うのは、一般の「民」とは区別された「君子」や「聖人」に比肩されるような人物こそ相応しい。(42)このように「君子」が心得るべき議論を展開する『利学』は、「民」ではなく「君子」に向けて書かれた書物であった。これに対して、「私益」の追求を通して「公益」の達成を論じる「人世三宝説」は、「民」の次元での話題であり、それゆえに「民」に向けて書かれていた。(43)「君子」においては「公益」が、「民」においては「私益」が追求の対象となるように、両者に求められる役割はそれぞれ異なる。このような「君子」と「民」との峻別は、西が久しく親しんできた荻生徂徠の思想に通じる。というのも、徂徠のいう「万民ノ永ク安穏」する先王の道は、西にとって「ミルの功利主義と期せずして一致」する概念として認識されるのであり、そのため戦略的に徂徠学を素地として utlitarianism への接近を図っていた(44)。実際、徂徠において「利」を追求する姿勢は、例えば朱子学のように忌避される行為ではなく、積極的に是認されていた。『弁名』においては、徂徠流の「功利主義」が次のように展開されていた。

善なる者は悪の反《はん》なり。汎《ひろ》くこれを言ふ者なり。その解は孟子に見ゆ。曰く、「欲すべきをこれ善と謂ふ」と。先王の道に非ずといへども、凡そ以て人を利し民を救ふべき者は、みなこれを善と謂ふ。これ衆人の欲する所なるが故なり。先王の道は、善の至れる者なり。天下これに尚《くわ》ふるなし。故に至善なる者は、先王の道を賛するの辞なり。また人を以て言ふ者あり。「ただ善のみ以て宝となす」と曰ひ、「善なればすなはちこれを得、不善なればすなはちこれを失ふ」と曰ひ、「善を挙げて不能を教ふ」と曰ふがごときは、みな善人を指してこれを言ふ。聖人に非ずといへども、然れども能く法を立て制を定め、以て国を治め民を安んずべき者は、みな善人と称するを得(45)。

「善」とは「人を利し民を救ふべき者」であると定義されているように、徂徠にとって「善」と「利」は不可分の関係にある。それゆえ、「法を立て制を定め」て「国を治め民を安んず」ることが、古代の聖人のみならず「善人」たるべき為政者に求められる姿勢であった。ジェームズ・マクマレンによれば、こうした徂徠の見解を彷彿とさせるのが他でもなくミルの『功利主義』であるという。すなわち、「行為は幸福を増進する傾向があれば、その度合いに応じて正しいものとなり、幸福とは反対のものをもたらす傾向があれば、その度合いに応じて不正なものとなる。幸福とは快楽を意味しており、苦痛の欠如も意味している。不幸は苦痛を意味しており、快楽の欠如も意味している」というミルの功利主義の定義は[46]、徂徠の「功利主義」思想と一致するのである[47]。その限りにおいて、徂徠を「政治的功利主義者」と称するのは適切な表現であろう[48]。「その志す所は一己を成すに在りて、民を安んずる」ことが「君子」の務めであり、為政者ではない「小人」たる「民」は「生を営む」ことに専念すればよかった[49]。そもそも、徂徠において「君子」と「小人」のそれぞれに対して朱子学のような価値判断は付与されていなかった。要するに、徂徠の「政治的功利主義」は、徹底的な「エリート主義」に基礎を置いているのであり、統治の責任を担う「君子」と、そのエリートによる政治的統御の対象である「小人」は受動的かつ無知な存在として位置付けられるのであった[50]。徂徠学の影響を受けている西が『利学』においてもこうした観点を継承していることからも、西にとって「小人」は「小人」のままで構わないのであるから、万人の聖人・君子化を目指す朱子学は眼中にない[51]。

以上のように、西は徂徠の思想に倣《なら》うかたちで「君子」と「民」とを峻別し、それぞれに然るべき役割があることを説いていた。徂徠を介してミルの功利主義思想を受容することによって、「君子」と「民」との区別、および各々がそこでの職分を果たすべきであるとの発想は、西の漢文に対する考え方からも確認することができる。彼は『百学連環』において「若し和文を以てなすときは広く万民に通して、其益大」と述べ、和文を一般人にとって有益な文体であると把握する。一方で、「漢文に暗きものは更に何等のものたるを知ること」はできないと、漢文を学ぶことの意義も強調する。ただし彼にとっての漢文は「学者」が習得する難しい文章であるため、「諸民の解し易きを主」としなければならない。[52] ここで設定されている漢文読解能力の有無の基準は、「人世三宝説」が和文で、『利学』が漢文で書かれたこととも決して無関係ではない。つまり漢文が分からない「民」(小人)を主体的に扱う前者は和文で、他方「君子」の役割について論じる後者は「君子」のことばである漢文で書かれなければならなかった。[53] 言い換えると、西にとって漢文を習得できない(習得する必要のない)「民」にとって、「君子」の務めを説く『利学』の議論に与る必要性はもとよりなかった。要するに西の utlitarianism 体系では、人びと全員の聖人・君子化を図る朱子学に基づいた思想戦略は避けられ、[54] 徂徠の思想の観点から「君子」と「民」を峻別し、生々しい現実の政治をいかに安定させるかという議論が展開されるのであった。

第三節　兆民における「漢文」と「君子」

「君子」や「士君子」と称される当時の知識人は、当然にして漢文の読み書きの能力が求められ、一般庶民とは異なるとの自負を多かれ少なかれ抱いていた。こうした事情を承けて西周は、『利学』をごく限られた一部の知識人層にさえ読まれれば十分であるとの認識に基づき漢文で書いた。そして、漢文で書かれた『訳解』もまた、「士君子」や「志士仁人」を自認する自由民権運動を担う人びとのために書かれたのであり、不特定多数の民衆に向けて書かれたものではないと捉えられる傾向がある。[55] 本節では、これまでのこうした見解を批判的に検証する。従来の研究がいうように仮に『訳解』が知識人に向けて書かれていたならば、ここで問題とされるべきは、兆民の考える「君子」の具体的な意味内容についてである。つまり、兆民も西と同様に不特定多数ではないごく限られた者を「君子」として、彼らのために漢文で書いたのであろうか。

この点を考察するにあたり改めて強調されるべきは、前章で示したとおり『訳解』という書物は『社会契約論』と異なり、「国会」「議院」の存在意義を重視したうえで、ここでの「討議」を欠くことのできない営為とみなしていたことである。そのための要件として、兆民が求めるのは「学術」の修得であった。この点に関して、仏学塾の機関雑誌『政理叢談』の創刊号「叢談刊行之旨意」は、「学術淹博《えんぱく》ニシテ且ツ時務ニ錬習」し、「矯妄詭激徒ニ口ヲ鼓シ舌ヲ振ヒ苟モ快ヲ一時ニ取」らないことを「議員」の要件として求めていた。つまり、「学ヲ講ジ術ヲ究メ深ク自ラ修メ」た者が「議員」として相応しい。[56]

そして「議員」の資質として、「学術」の講究によって修身することを求める「叢談刊行之旨意」の次号以降に掲載されたのが、「民」の「君子」化を図る『訳解』であったのは決して偶然ではなかろう。なお兆民は、「君子」としての議員像の構想にあたり、女性の存在も忘れなかった。「婦人改良の一策」(一八八八年)では、女性は自身の価値を上げるために「生意気」となって、はじめて政治や経済の分野に参入できることが説かれていた。[57] ここでは、現状の「女人」がそれらの分野に参入できない理由を男女間の言葉遣いの違いに求めている。つまり、「女人」は平仮名の言葉ばかりで男性が用いる漢語をほとんど使わないため、主に漢語によって構成されている学術や政治の議論に参入することに困難をきたしている。そのため「女人」は、漢文や漢文崩しの文法を習得し「生意気」となって、はじめて男性と同じ土俵に立ち議論することができるのである。このように兆民にとっての漢文は「女人」でもなお習得の余地が認められているため、西の想定する「学者」のための特権的な言語ではなく、誰しもが会得できるものとして把握される。つまり、「学術」に明るくなるためにも漢文の習得は不可欠であり、女性もこうした技術を習得すれば、「君子」たり得る余地があった。[58]

以上のように、「学ヲ講ジ術ヲ究メ深ク自ラ修メ」る者を「議員」の資格とみなす兆民が、『訳解』を漢文で執筆した動機は、他でもなく西と同じく「君子」をその対象読者としていたためであった。ただし西のいう「君子」は、徂徠学に基づき「民」を統治するごく限られたエリートを意味していた。それゆえ「君子」の務めを説く『利学』は、ごく一部の「君子」に読まれるため（しかもそれで支障がないため）に、漢文で書かれた。一方で兆民の場合、西が意識的に忌避していた朱子学に基づくことで「民」は一様に「君子」になることに期待を寄せていた。そして、「民」が「学術」に明るくなり「君子」となるに際して修得されるものとして漢文が位置付けられるのであった。それゆえに『訳解』は、『利学』のようなごく一部の知識人に向けられた書物ではなく、「君子」となるべき「民」全員に読まれるために漢文で書かれた。[59] ルソーから着想を得た兆民にとっての人民主権とは、人びとが漢文を学び、「学術」に明るい「君子」となることによって達成される。このように、兆民と西がともに儒学的素養で西洋思想を受け容れたことによって、ルソーとミルの思想は換骨奪胎され、あるべき「君子」を論じる内容に変貌した。しかもそれは、「民」の側に立ち思索した兆民と、宮内省や陸軍省などを渡り歩き「官」の立場にあった西という両者の態度に応じるように、[60]彼らの「君子」の意味内容にも「民」と「官」の図式が反映されていた。

兆民は『訳解』において、朱子学の根本命題である「聖人学んで至るべし」のように「民」が「君子」となり「議院」に参与することに期待していた。政治と文体が概念上、未分化の状態にあった近代黎明期の日本に生きた兆民においては、漢文の修得が人民主権を達成するにあたり欠くことのできない要件であった。男女問わず漢文が読めることを「君子」の要件と規定していたことに鑑みれば、逆説的ながら『訳解』はCitoyen（兆民はこれを「君子」の類概念である「士」と訳す）となるべき日本人全員に読まれるために漢文で書かれた。現実の読者は、たしかに知識人に限定せざるを得ないかもしれない。しかし将来には、学問を修め『訳解』の内容を理解できる「君子」と称するに値するCitoyen（士）の誕生を兆民は信じてやまなかった。主権者として漢文や学術に明るいCitoyen（士）を理想とする『訳解』は、そうであるがゆえに平易な文体で書かれるべき書物ではなかった。「学術」によって「民」が真正のCitoyen（士）になれると考える兆民において、「政治」と「漢文」は不可分な関係として認識されていた。

第五章 「立法者」と「制作者」

本書においては、『社会契約論』と『訳解』の間にみられる差異に着目してきた。その際に、従来のように『社会契約論』が儒学の文脈に落とし込まれて理解されてきたのではなく、むしろ儒学に基づいていたがゆえにルソーの政治思想は換骨奪胎されていたことを明らかにしてきた。『訳解』における原著の主旨に拘泥することのない自由な翻訳を可能にさせた背景には、兆民の儒学に対する強烈な信念があった。そして、兆民にとって『訳解』の最後に取り組まなければならない問題が残されていた。「立法者」（Législateur）についてである。当初は儒学の文脈と相性の良いものとして兆民自身が認識していた「立法者」であったにもかかわらず、『訳解』はこの存在を積極的に認めようとしなかった。むしろ、原著が本格的に「立法者」を論じるその直前で訳出を中断していたことに鑑みれば、兆民は明らかに「立法者」の存在を忌避していた。そこで本章では、『訳解』もまたその最終章で示唆していた「立法者」に対して、兆民がどのように対処したのかについて検討する。

第一節　兆民の「愚民」観

岩倉使節団に帯同し二年余りのフランス留学から帰国した兆民は、最初の『社会契約論』の翻訳である「民約論」を脱稿している。はじめに「民約論」において、「立法者」がどのように言及されていたのかを確認してみる。「民約論」は、「如何ノ術ニ頼テ己レガ欲ス宜《べ》キモノヲ欲スルヲ知ラザル愚民ニシテ能《よ》ク国法ヲ立ルノ極大事ヲ成シ得ルヤ」とみなし、「人民ハ固《もと》ヨリ己レノ益ヲ欲スト雖モ常ニ之ヲ獲ルコト能ハズ、衆意ハ常ニ正ケレドモ其失錯無キヲ保ツ能ハズ」とあるように[1]、「人民」は「愚民」であることが前面に押し出されている。そもそも「人民」が「愚民」であるのは、「独力ヲ以テ事理ヲ深察シテ其外景ニ泥《なず》マザル能ハズ、二三ノ狡黠《こうかつ》ナル者ニ遭フテハ必ズ其甘言ヲ拒絶スル能ハズ、常ニ古今遠邇《えんじ》ヲ達観シ一時ノ利ニ趨《はし》ラズシテ深害ヲ預防スル能ハズ」という諸点に求められていた。なるほど、「偏ニ己レノ利ヲ頑守」することが彼らの心とするところではあるけれども、他方で「政府ノ務メトシテハ屢々《しばしば》公利ヲ妄捜スルノ憂」がある以上、「両《ふたつなが》ラ人ノ指導」に頼らなくてはならない存在である。すなわち「是レ等ノ硬難ヲ顧念スルトキハ、必ズ一人ノ立法家ヲ得テ、之ニ托スルニ前ニ言フ所ノ条列《ママ》〔例〕ヲ制スルノ事ヲ以テセザル可カラズ[2]」。このように、「民約論」の場合、原著を比較的忠実に翻訳していたため、ルソーの「人民」に対するペシミズムは、兆民にとって何らの疑念にさらされることのないまま、ただちに「立法家」への要請へと結び付けられていた[3]。こうした「愚民」観の表明は、同時期に執筆された著述においても窺い知ることができる。

幸徳秋水『兆民先生』によると、兆民は「古今東西、一たび鮮血を濺《そそ》がずして、能く真個の民権を確保し得たる者ある乎。吾人は宜しく自己の力を揮て、専制政府を顚覆し、正義自由なる制度を建設すべき」と述べたという。この証言をもって秋水は自身の師を「革命の鼓吹者」として顕彰していた。そのうえで、「革命の鼓吹者」である証左として挙げる文献の一つが、元老院書権少書記官の立場から島津久光に献策した「策論」（以下、「救患七策」）である。(4) 暴力による政府の打倒も辞さない、明治国家を根本から再構築することを志した、この論説にみられる「愚民」観をここでは確認してみる。

「救患七策」で、明治維新とは失敗した政治事件であり、改めてやり直しを行う必要性を説く。その際に兆民は、今後の日本がとるべき七つの方策を提示する。いわば「救患七策」とは、「日本が直面している問題とは何であり、何故に、このような事態に立ち到ったのかという兆民による抗議と憤激の提言」でもあった。(5) 例えば、その第六策には次のように述べられている。

> 維新以来政府月々登用スル所数十人ニ下ラズシテ未《いまだ》全ク黜《しりぞ》クル所有ルヲ聞カズ、今日国務洵《まこと》ニ繁劇固《もと》ヨリ昔日ノ比ニ非ラズト雖モ、能ク督責守任ノ道ヲ厳ニシ勤情賞懲ノ術ヲ明カニセバ、何ゾ遽ニ斯《かく》ノ如キノ大数ヲ要セン、臣故ニ曰ク、宜《よろし》ク速ニ其数ヲ減殺シ以テ徒費ノ害ノ一半ヲ除ス可シ、若《も》シ夫《そ》レ人員ハ、請フ実地ヲ検シテ後之ヲ定メン(6)

維新以来、政府の激務は以前と比べものにならないけれども、職務体系をしっかり構築すれば、現状のような多数の役人は不要である。とりわけ、「烏《いずくん》ゾ無能ニシテ之ヲ養フニ国民ノ膏血ヲ以テスル有ラン哉」と、能力主義に基づいた「無能無術」な役人の削減がここでは訴えられている。しかも兆民によると、「我邦士気ノ萎衰今日ヨリ甚キハ無」いため、仮に「無能」な役人を削減するという改革を断行したとしても、反抗する者は出てこないという。「士気の萎衰」である根拠として兆民が挙げるのは、鳥羽伏見の戦いにおける「肥前」と佐賀の乱（佐賀戦争）に対する不平士族たちの反応である。すなわち、「伏水《ふしみ》奥羽ノ乱十戦ニ過ギズシテ治シ、肥前ノ変一モ之ニ応ズル者」がいないことは、「豈悉ク人士名義ヲ重ンズル」ためであり、「唯戦ヲ畏ル」ためでもあった。つまり、現在の日本人の士気は著しく低下しているため、もはや戦自体を回避する傾向にあると兆民は分析する。直近に発生した江藤新平による佐賀の乱（佐賀戦争）の失敗を惜しむ兆民にとって[7]、「且綱紀ヲ粛張シテ更革スル所有ラント欲セバ何ゾ一二動擾ヲ憂フルニ遑《いとま》有ラン」、すなわち変革にあたっては擾乱も選択肢の一つとして排除されなかった。

　最後の第七策では、その冒頭で「国ノ草創ニ在テハ英傑制度ヲ造リ、既ニ開クルニ及ンデハ制度英傑ヲ造クル」とモンテスキューの言を引用する。これは『ローマ盛衰史論』を典拠とするとはいえ、ルソーが『社会契約論』の第二編第七章「立法者について」において「立法者」を説明するに際して引用していた一節であった[8]。兆民もこれを承けて、日本において教化は既に広く浸透し誰しもが礼節を知っているが、やはり「一定ノ憲制猶未《なおいまだ》立タザレバ、則チ之ヲ草創」といわなければならず、したがって「一定ノ憲制」を建立するためにも、「一人ノ理勢ニ達シテ且守ル所有ル者ヲ得」る必要があると述べる。その理由について具体的には次のように説明されている。

理勢ニ達スル者ニシテ而後《しかるのち》能《よ》ク本源ニ溯リ支流ヲ挹《く》ミ変通スルヲ知テ、而テ因循模擬ノ病無シ、守ル所有ル者ニシテ而後能ク決行シテ惑ハズ確執シテ移ラズ、乃チ能ク遂ニ一定ノ憲制ヲ立テン[9]

「理勢」に達し「守ル所有ル」者は、本源を辿ったうえで「末」の物事に対して自由自在に適用することができる。このような場合、優柔不断な態度はみられず、思い切った決断をなすことができるため、「憲制ヲ立ツル」にあたっては、「才識有ル者ニ非ザレバ不可」となる。そのうえで、「人心ノ測ラレザル、縦令《たと》ヒ一旦才識超絶スル者ヲ得ルモ一人ノ宏度堅確且《かつ》威望有ル者有テ之ヲ翼蔽シテ其智ヲ施スヲ得セ令メズンバ、必ズ中道ニシテ退敗スルニ至ラン、故ニ臣ガ所謂第七策トハ此二人ヲ得テ而テ一定ノ憲制ヲ立テ令ムルニ在リ」と結ばれている。[10]この「才識超絶スル者」について、例えば井田進也と宮村治雄《みやむらはるお》は、兆民自身のことを暗に示唆しているのではないかとの見解を示している。[11]それは、「救患七策」にみられる、「篤介少小ヨリ経史ニ渉《わた》リ又洋学ヲ攻《おさ》ムルコト茲《ここ》ニ十年、向《さ》キニハ欧地ニ留学シテ親ク彼邦開化ノ状ヲ観察ス、事尽《ことごと》ク達セズト雖ドモ理ハ則チ之ヲ知」っている自分こそが、まさに「立法家」として相応しい、そういう強烈な自負心を抱いているようにもみえる。[12]そして、仮に兆民自身が「憲制」を立てる二人のうちの一人ならば、もう一人の「宏度堅確且威望有ル者」に、「之ヲ翼蔽シテ其智ヲ施スヲ得セ令メ」ることで「憲制」は完成されると期待されていた。[13]兆民がここで参照にしている『社会契約論』の「立法者」においても、諸国民に適した最上の社会規則を発見するにあたり優れた知性を有すること（intelligence supérieure）が条件の一つとして求められていた。実際に兆民は、後年の著作（『国会論』）において「正理」や「公道」に適した制度を作り上げる「立法者」（「制作家」）を、礼楽刑政を作為し上古から脱却させた儒学で理想とされる聖人に重ね合わせるかたちで理解していた(14)。問答形式に基づくこの著作は、普通選挙を説く「漸進家」が、西洋の制度をただ模倣するだけでは「真の制作家」であるとはいえず、「正理」や「公道」にそれが合致しているのかを吟味する必要性を説く。「漸進家」は続けて、こうした「制作家」のモデルについて、「脳髄中に於て咀嚼醞熟し茲に以て彼の炳々烺々《へいへいろうろう》当代を照燭《しょうしょく》し後世に軒昂《けんこう》する一大典章を制作」した者、すなわちモーゼ、ヌマ、リュクルゴス、ソロンと並べ、周公旦《しゅうこうたん》を「一大典章ヲ制作」した「制作家」とみなしていた(15)。

「救患七策」の時点ではどうであろうか。『兆民先生』によれば、兆民は勝海舟の斡旋により島津久光に「救患七策」を献策することに成功した(16)。しかし久光は、「足下の論甚だ佳し、只だ之を実行するの難き耳《のみ》」と、兆民の考えには消極的であった。これに対し兆民は、「何の難きことか之れ有らん。今や陸軍中乱を思ふ者多し、西郷にして来る、響の応ずる如くたらん」と西郷隆盛によって実現することが可能であると反論する。このように、一八七六年頃の兆民は、ルソーのいう「立法者」（既に訳出されていた「民約論」の表現を借りれば「立法家」）を、現実の西郷隆盛に比肩させていたことが分かる。西郷が主体的に武力をも辞さない姿勢で改革に望むことで（ただし、ルソーの「立法者」に暴力による改革は期待されていない）、政府にみられる腐敗は改善すると考えられていた。しかし、兆民のこのような野望は、そう遠くない将来に、西南戦争によって打ち砕かれるであろう。

「第三策」においては、「窮理分析ノ類」「法律経済ノ類」をはじめとする「技術ト理論」に関して現在の日本が、明らかに英国やフランスよりも劣っていると述べる。それゆえ、洋書を学び、洋学者に洋書を訳させることは、「技術ヲ布キ理論ヲ宣《の》ブ」るにあたり意義がある。ただし注意しなければならないのは、西洋の「技術ト理論」のみの学習では、「権ヲ談ジ利ヲ説ク」に過ぎないため、そこから弊害が生じることは必至である。欧州においては「教法ヲ盛ニシ道学ヲ広メ」たことにより「軽馳ノ習ヲ防グ」ことができたため、日本もこうした態度を見習わなければならない。しかし、現状に鑑みると、洋書が流行している一方で「経伝ノ学」は「日ニ消シ月ニ滅シ」ている。つまり「道義ノ心」に関しては、日常顧みられることがないため、ひいては消滅しかねない状態にある（「居常之ヲ淬礪《さいれい》スルニ非ザルヨリハ浸ク靡滅《びめつ》スルニ至ル」）。この際、兆民によって主張される「教法」が廃れた今日において、「仁義忠信ヲ以テ迂屈ト為ス」ことは、西洋の「技術ト理論」を学ぶにあたって適切な態度ではない。「西土ノ道学」の「原本」に相当するソクラテスやプラトンも「仁義忠信」を論じていたとみなす兆民において、日本が「技術ト理論」を受容するにあたり儒学も同じ機能を果たすことが期待されていた。「篤介欧地ニ在テ其書ヲ読ミ誠ニ斯道《しどう》ノ古今遠邇確乎トシテ易フ可ラザルヲ知ル」ことができた以上、西洋の「技術ト理論」を学ぶにあたり、「西洋ノ道学」の代替物として儒学は期待された。反対に「道義ノ心」が消滅すると、「官職ニ拠《より》テ私利ヲ営ム者有リ、旧故ニ頼テ国罰ヲ逭《のが》ル、者有リ」という実に「紛々」たる様相を呈するに至るであろう。これを打破するためにも、短期的には「純明方正且《かつ》識見有ル者ヲ摘抜シ、其レヲシテ天下ノ耳目ヲ一変シ本末急緩ヲ弁ジテ向フ所ヲ知ラ」せることは有効な手段となる。長期的には「公私学黌《がっこう》」において西洋の学問のみならず、「漢土ノ経伝ヲ講習」させるのがよい。かくすれば、日本は「英ヲ凌ギ仏ニ駕シ宇宙第一ノ善国」になるに違いない、と兆民は確信する。たしかに、西洋の「技術ト理論」は現状の日本のそれでは太刀打ちできないというのは、兆民の認めるところであるとはいえ、「道学」に関しては、決して列強に劣ることはない。それゆえ、只管に「技術ト理論」を取り入れるのではなく、併せて儒学も学ぶ必要性を兆民はここで強調していた。言い換えると「技術ト理論」を「利」、儒学を「義」とみなしたうえで、打算的に「利」のみを追究することへの戒めは、早くもこの「救患七策」から窺える。[17]

同様の主張は、「民権論」（一八七八年）においてもみられる。ここでいわれる「民権」とは「趨舎《すうしゃ》己れに由るの権」、すなわち自身の事柄については自分で決定することを意味する。ゆえに、「官、法令を設くれば則ち我れ其の可否を判じ、官、交戦を宣すれば則ち我れ其の資糧を量り、官、和平を講ずれば則ち我れ其の盟約を締び、官、租税を徴すれば則ち我れ其の員額を定む」ることができる。[18]つまり、「国の大事」に与ることと「民権」は等価なものとして把握される。しかし、この「民権」を遺憾なく発揮するにあたり、「民」においては「必ず治安の術に浹洽《しょうこう》し文武の技に厭飫《えんよ》」しなければならないように、一朝一夕で達成される事柄ではなかった。したがって「蠢陋《しゅんろう》の民」においては、名君名相による「政令を修め」なければ、「姦豪の糜爛《びらん》する所」を抜きにして「能く其の権を行う」ことはできない。「民」が固陋で蠢愚《しゅんぐ》な状態から脱するためにも、はじめに「濯磨淬礪《たくまさいれい》」しなければならず、その際に「政教」は有効な手立てとして考えられていた。つまり「民権は政教より出づ」であり、決してその逆ではない。現状「利」を貪るような状態で「民権」を求めることは到底できないため、はじめに「政教」を確立させることの意義が強調される。「政教は体なり民権は用」であるから、「政教具りて後民権盛隆」たり得るのであった。[19]「政教」をはじめに確立させることを主張する「民権論」は、儒学を「教法」として西洋政治制度の摂取を正当化していた「救患七策」の議論から一貫していたといえる。このように「政教」から「民権」が生じること、言い換えると「原権」であるはずの「民権」を「民」自身が無条件で行使できないのは、「蠢陋」としての「民」というイメージがその背景にあるためであった。したがって兆民にとって未だ道徳的な存在ではない「民」においては、外的な装置として「政教」が介入せざるを得なかった。なお、ここで民衆の営為を外的な立場から矯正するものとして持ち出される「教」という発想は、兆民の場合、ルソーのいう「市民宗教」(religion civile)からヒントを得たとの指摘がある(この点については後述する)[20]。

以上のように、兆民の初期の思想活動においてルソーのいう「立法者」は、「制度」を創出するにあたり必要不可欠な存在としてみなされていた。このように「立法者」は、儒学の文脈に照らしても悖ることのない魅力的な装置として規定されていたにもかかわらず、『社会契約論』の翻訳であるはずの『訳解』においては積極的に位置付けられることがなかった。

第二節　ルソーの「立法者」(Législateur)と兆民の「制作者」

本書で確認してきたように、『訳解』を貫く問題意識は、現状「君子」ではない「民」がいかにして「君」(Souverain)や「臣」(Sujets)として政治に参与することができるのかという点にあった。「律例」を「君」として発し「臣」としてこれに自発的に従うことが、誰からの支配を受けない「自治の国」の実現を意味していたのであり、そこにおいて人びとは「君子」として振る舞うことが期待されていた。

このような政治構想を抱いていた兆民において、『訳解』の最後に取り組まなければならない問題が「立法者」の存在であった。ただし、先述のとおり兆民は当初、「立法者」については儒学の文脈とむしろ相性の良いものとして把握していた。それにもかかわらず、『訳解』はこれについて積極的に語らなかった。原著で本格的に「立法者」が論じられる直前で『訳解』は訳出を中断していたことに鑑みれば、兆民は明らかに「立法者」を忌避していた。こうした変節は、何を契機としてもたらされたのであろうか。兆民が「立法者」を後退させた理由を検討するにあたり、はじめにルソーがこれをどのように論じていたのかを確認しなければならない。

『社会契約論』の第二編第七章においてルソーは、唐突に「立法者」を持ち出す。それは、「結果を原因に変える」(il faudroit que l'effet pût devenir la cause) ため、すなわち「制度によって創りだされるはずの精神が、あらかじめ存在しなければならないという逆説」を根本的に解決するために要請された[21]。人民の叡知を超越した特異な人物である「立法者」は、国家を組織することをその職責とする。ただし彼は為政者でも主権者でもなく、かつ国家の中に位置を占めることもないが、神の権威に頼りつつ「共和国」の設立にあたり一般意志の表象である「法」を人民に示すことが重要な任務として期待される。そもそも、人びとは社会契約によって主権者として一般意志の反映である「法」をつくり、臣民としてこれに従う。しかし、社会契約によって人びとが市民たり得たとしても一般意志に背き、これとは異なる特殊意志を持ち続ける可能性は依然として残るため、個々の利害に動かされず、共通善のために「法」を作成する「立法者」が要された[22]。ルソーは第二編第六章（兆民の訳出はここまで）で、自分にとって何がよいのかを知ることのできない「盲目な大衆」（multitude aveugle）においては、「立法組織」（système de législation）という困難な仕事を一気に解決し、個々人の意志を理性に合致させるように強制されなければならないと述べていた。つまり「公衆が賢くなる」ことによって、「社会のなかに、悟性と意志の合一が表れ、その結果、各部分の正確な協力が生じ、最後に、全体の最大の力が発揮される」[23]。個々（particuliers）、あるいは全体（public）の次元において人びとは、何が善（bien）であるのかを理解することができないため「立法者」は彼らを指導しなければならない。言い換えると、人びとにおいて特殊意志・全体意志から一般意志を導くことが困難であるため、「立法者」が彼らの「習俗、慣習、ことに世論」に注目して「法」（loi）を示さなければならない。こうした事業を担うべき「立法者」には、それゆえに異常な素質が求められる。すなわち、「人間性を変え得ること、自ら完全な孤立した一つの全体をなす各個人を、この個人になんらかの意味で生命と存在を与える一つのより大きな全体の一部に変えること、我々が自然から受けた孤立の肉体的生存を、部分的・精神的生存に置き換えることができるという自信」を有し、「人間から固有の力を奪い、それまで人間に無縁であった力、他人の援助がなければ使用することができない力」を人びとに与えるような存在として規定されていた[24]。要するに『社会契約論』において、「法」の根拠である自己決定の要請と人民の能力へのペシミズムとの矛盾を解決する手段として「立法者」の存在が必要とされた[25]。

たしかに兆民も「制作者」（Législateur）について、「衆志の公を合して成る」ような「律例」を作成する人物として『訳解』で言及していた。「制作者」が必要とされる理由について、兆民は次のように訳出していた。

> 庸衆人は貿々として無智、往々欲《ほっ》す可きの何物たるやを知らず、而も能く自から律例を造為するの大業に膺《あた》る、天下はたして若きの事理あらんや。夫《そ》れ民は常に己を利せんことを求め、而も常には利の在る所を知らず。且つ彼《か》の公志、常に正に赴くと雖も、其の之を発する所の智は、則ち常に明かにして失《しつ》なきこと能わず。且つ時務の測り難き、或は隠れて見《あら》われざれば、則ち律例を造るもの、未だ直ちに所見に拠って即ち之を為すを得ず。且つ彼の私志は動《ややもす》れば不正に陥れば、則ち其の或は公志を擾《みだ》さんこと、尤も以て慎戒せざる可からず。又た凡そ事を処する、是の地に適して彼の地に適せざる有り、是の時に宜しくして彼の時に宜しからざる有り。又た利の顕かに今に存して、害の陰《ひそ》かに後に伏する有り。又た凡そ民のおのおの其の私を顧るや、目よく公益を見るも或は肯て之を取らず。而して其の意を協《かな》え事を議するや、心、実に公益を欲するも或は之を見ること能わず。是《ここ》を以て、目に公益を見る者は、之をして其の智の見る所に因りて必ず之を行わしめざる可からず。心に公益を欲する者は、之をしてその益の存する所を識らしめざる可からず(26)。

兆民は原文に忠実に則るかたちで、凡庸な「民」が「律例を造為する」という「大業」に携わるには不適切であるという。その根拠として、「民」は「常に己を利せんこと」を求めるけれども、その「利」がどこにあるのか分からないこと、あるいは常に「正」であらねばならない「公志」（一般意志）を発する主体であるにもかかわらず、「失なきこと能わず」という状態にあることを挙げる。「公益」の何たるかを理解するに十分な智識を持ちあわせていない「民」に対して、「其の益の存する所」を知らしめる別の主体として「制作者」が必要となる。唐突な「制作者」の登場に兆民は「文義きわめて糾繆《きゅうびゅう》、読者おそらく解し難きに苦しまん」と動揺しつつも、先の訳文について次のような解説を施した。

蓋し謂《おも》えらく、邦国民の有は、二三在位者の有に非ず。故に律例を建立するは民の任ずるところ、他人は与《あずか》る有るを得ず。然して律例なるものは邦国の務を経《けい》する所以、関繋きわめて大なり。智慮はるかに衆人の上に出《いず》る者に非ざれば、之を為すこと能わず。而して民の無智なる、奚《なん》ぞ以て是の任に当らん。且つ其の律例を建立するに臨んで、民の相い会する者、意思偶爾《ぐうじ》に相い発し、且つその所見一々あい同じく、遂に以て一代の大典を成すは、是の理あること無し。(27)

「律例」の「建立」が「民」の務めであることは、『訳解』において幾度となく繰り返し強調される主張である。しかし「律例」とは固より「邦国」に大いに関係する内容であった以上、「民」をはるかに上回る「智慮」を有する者でなければ作り上げることができない。そのモデルとして兆民は、原著と同じくリュクルゴスをはじめ古代ギリシアやローマの立法者を挙げており、「聡明睿智、衆人の表に抜《ぬきんず》る者」と評する。ただし、「民」は「律例」の制作過程において完全に排除されるものではなかった。つまり、訳文にもみられたとおり、「民」は「律例」を「建立」すること、「制作者」は「民」にとって「大業」にあたる「律例」

を「造為」することが求められていたことからも、両者における役割が分担されているに過ぎなかった。そこで問題とされるべきは、「建立」と「造為」の違いである。先の訳文で詳細に語られなかったこの差異は、『訳解』の最後にようやく次のように明かされた。

但だ前章に既に律例を建立すと曰い、又た律例を造為すと曰う。律例を建立するは民の事にして、律例を造為するは制作者の事なり。蓋し制作者は民の托を受けて律例を制為し、之を民に授く。民は従いて著して邦典と為す。是れ知る、律例は制作者の手に成ると雖も、之を採用すると否とは独り民の任ずるところ、他人は与ることを得ざることを。[28]

ここでの「制作者」は、まず「民」からの依頼を受けて「律例」を作成し、これを人びとに提示したうえで「民」が採用するか否かの権利を有する、と解説されている。つまり最終的に「民」に委ねられる「律例」採用の可否こそが、兆民にとって譲歩できない「民権」に他ならなかった。[29] それゆえ、「民権論」の場合と異なり、この時点における「民」は「民権」を執ることができる主体に変容しているのであり、既にかつてのような「愚民」としては描かれていない。むしろ兆民の解釈は、「民」に「制作者」を吸収させることによって民への信頼感を示すとともに民の被代表制を暗示しているといえる。[30] それゆえ、「律例は制作者の手に成ると雖も、之を採用すると否とは独り民の任ずるところ」となり、「他人」はこれについて一切関与することができなかった。結局兆民にとっての「制作者」とは、「民」の人間性を変える程の超越者として捉えられていない。ルソーのいう「立法者」が大衆から超越した存在として規定されていたのは、国の制度そのものを創設する困難さゆえであり、国制の創設に最初の一撃を与え、「人民の創設」に取り組まなければならないためであった。[31]一方で「民」が「君子」となり「君」(Souverain)として「律例」を発すとの前提を譲ることができなかった兆民にとって、ルソーのいう「立法者」はほとんど意味をなさない存在であった。「国会」の開設が約束された時点において、兆民の課題は「英傑」がいかに制度設計を行うかではなく、いかにして人びとが「民権」を行使し得るのか、言い換えると「国会」における「民」の振る舞い如何を模索することであった。いまや『訳解』における「民」は「愚民」ではなく、むしろ政治に関与する「君」、すなわち主権者たるべき存在となった。

第三節　リベルテー・モラル／浩然の一気

「人は生まれながらにして自由であるが、しかしいたるところで鎖につながれている」ような人びとが、いかにして共和国を設立し、市民としてその一員たり得るのかというのが『社会契約論』における根本的な問題意識であった。ルソーによって用意された回答は、人びとが持つすべてを差し出し、そしてすべてを受け取る全面譲渡を伴う社会契約によって達成できるというものであった。こうした社会契約によって、人びとにおいて大きな変化が生じる。この点を『社会契約論』は次のように述べていた。

この結合行為〔社会契約〕が成立するとただちに、各契約者の個人に代わって、一つの精神的・集合的団体を成立せしめる。【中略】構成員についてみると、主権に参加するものとして集合的にはPeupleという名称をとり、個別的にはCitoyens、国法に従うものとしてはSujetsと呼ばれる。しかし、これらの名称はしばしば混同され、互いに取り違えられている。それが極めて正確に使い分けられる時、区別することができればよい。(32)

欲望に駆られた人びとを「市民」として振る舞わせるにあたり社会契約を結び共和国の形成を説く。これによって新たに作り出された政治社会においては、誤ることなく、分割されることもない人びとの一般意志が最高のものとして位置付けられる。しかし、人びと自身によって共和国を形成すること、言い換えると「法律と正義を誠実に愛する」ような「善良な市民」でもあり「忠実な臣民」を創出するために、ルソーは「市民宗教」(religion civile)を『社会契約論』の末尾で持ち出す。「市民宗教」は「法」を遵守する「臣民」となり得るための手段であり、これに違反する者は「社会性の意識を欠く人間」として処罰の対象となる。(33)自らが作った「法」に従うこと(Sujets)は、「市民」としての重要な資格の一つであり、それがまた「自由」(liberté)を意味していた。そしてこれに従うことによって「臣民」と称され、違反した場合は「市民」としての資格を喪失し、追放もしくは処刑の対象となる。(34)つまり、『社会契約論』はCitoyensとSujetsを表裏一体なものとして描くが、彼ら自身の力では結局「市民」たり得ず、「市民」であることを維持させるために「立法者」や「市民宗教」のような外的装置が要されるのであった。生まれたばかりで、欲望に駆られた人びとが社会契約の条項をいかにして作り出すのかというアポリアに直面した際には「立法者」が、またいかにして政治体の統一性と市民の統合を確保するのかというアポリアに対しては、「市民宗教」によって克服を試みるのであった。[35] 欲望に駆られた人びとに「自由」を獲得させるために、言い換えると「自由」の強制のために「立法者」さらには「市民宗教」の役割は重大であった。

こうした原著の内容のすべてをあえて反映させなかった『訳解』においては、いかにして人びとはCitoyenとなり得るのであろうか。あるいは、何によって人びとは「立法」を担うことが保障されているのであろうか。これにあたり、先に引いた社会契約に関する箇所の訳出を確認してみる。

是の体や、昔人《せきじん》之を称して国と曰い、今や之を称して官と曰う。官なる者は群職を裁理するの謂なり。其の衆と往復するよりして称するも、亦た官と曰う。其の令を出すよりして称して君と曰い、他人之を称して邦と曰い、其の衆を合して之を称して民と曰い、其の律例を議するよりして称して士と曰い、其の法令に循うよりして称して臣という。[36]

「民」が「法」を発するための議論に参加したときに「士」(Citoyen)と称され、自身が作った「法」に従うときに「臣」と称される。そして「民約」が成立したときに「法」を議し作為する者のことであるため、「民」は「君子」の類概念である「士」として位置付けられた。[37]

フランス語の文脈におけるcitoyenに関して、一七八九年に制定された「人間と市民の権利の宣言」

(Déclaration des Droits de l'Homme et du Citoyen)、すなわちフランス人権宣言に対して権力と一体化したcitoyenの集合体としてのpeuple＝人民の名において行使される権力が近代憲法の運用者となるが、その権力をもまた同時に他者とみなす緊張関係が維持されていた。[38]そして「citoyenの意志（選挙の結果）によって支えられた正統性を援用する権力が「自由への強制」をつらぬき、そのことによって権力から自由なhommeであると同時に権力形勢の主体的な担い手となる時代のcitoyenを創出する」のである。[39]こうしたフランス人権宣言における図式は、「国家からの自由の主体としての「人」と国家をつくり出す担い手としての「市民」の間にある相互依存と相反の関係」というルソーの系譜を継承するものであった。そもそもフランス人権宣言における「人」は、「フィクションとしての社会契約の主体であり、契約の所産として成立する【中略】国家からの自由を享有すべき主体」を意味していた。社会契約は、フランス人権宣言の「すべての政治的結合の目的は、人の、時効によって消滅することのない自然的な諸権利の保全にある。これらの諸権利とは、自由、所有、安全および圧政への抵抗」（第二条）を保障するのであり、この運用に係る主体こそがcitoyenに他ならなかった。[40]したがって『社会契約論』におけるcitoyenとは、まさに政治に関わる意味合いがあるため、その翻訳語としての「市民」という語感では公の事柄への積極的な担い手という意識が希薄となり、むしろ「受益者としての私的側面」のみの範疇で受けとめられてきたきらいがある。[41]

兆民が『訳解』においてあてた「士」について、「江戸時代のような儒教社会における支配的身分の役割と同定された」と評価する研究がみられる。[42]しかし東アジアの思想の文脈に即していうならば、「士」は決して日本の支配階級である「さむらい」のみを指していたわけではなかった。つまり宋学を官学とした以

降の中国は「士大夫」を、そして朝鮮は「ソンビ」(선비)のことを一般に指す。(43)そもそも中国における「士」とは、「士人、士大夫、読書人、搢紳《しんしん》、紳衿《しんきん》、郷紳《きょうしん》」ともいわれる「中華世界観」の担い手を意味する。(44)ときの士大夫を目指す者は、幼い頃から学問を修め学者になること、すなわち科挙に及第する必要性に駆られていたことからも、「学者と官僚はイコールで結ばれる」のであった。(45)したがって彼らは、「中国の政治・倫理と文化の両面における責任者であるとともに、旧体制社会における優越者・支配者層、また皇帝を頂点とする王朝体制を支えていた特権者・特権階級」であった。(46)こうした士大夫に求められる能力とは、第一に「政治と倫理の責任者たる能力」、すなわち朱子学に基づいた分類である四書五経をくまなく暗誦する知識力であり、第二に「文化の責任者たる能力」、すなわち「定型的な作詩・作文の能力」であった。(47)さらに彼らに必要とされるエートスは、公共心である。つまり彼らは「民の父母」として、「心の在り様と身の動作を常に慎み、物事の理を窮め、その理に応じて私なく公平に仁を行う」ことが要請されるのであった。(48)

こうした「天下」のため注意を払うという観念は、徳川政権が崩壊し身分階級が解体された日本においても確認される。例えば植木枝盛は、『民権自由論』で次のように説いていた。

昔より日本の平民と申す者は一向元気がなく、唯自分一身一家の事のみに打ち掛って更に世の事国の事に心を用ひ気を付けず、総て公けの事には甚だ疎くうかくとして、川向の火事でも観るが如く【中略】国の事は民の事とは別の事ではござらぬぞ。畢竟国は民の輻《あつま》るもの、政府は国の政事を司るもの、政事は人民の事にして人民の事が政《まつりごと》じや。故に国安全なれば民も亦安楽に、国危ければ民は命も保ち難し。政府善良なれば民幸福を得、政府暴虐なれば民不幸を蒙る。(49)

人びとが、ただ自分自身のことのみに注意を払うのみで、「国の事」について関心を持たないことに植木は注意を促す。そもそも「政府」が「人民」のために存在するならば、「人民」は政事に積極的に関与する必要がある。植木はこれに続いて、政事に関心を持たないことや政府の言に唯々諾々《いいだくだく》と従う人びとを次のように断罪する。

彼の徒《いたず》らに一身一家の上にのみ身を働かして更に国家公共の事に心を用ひ気を付けず、国家の事を視るは恰《あたか》も他国異域の事柄も視るが如く全く之を度外視に視て己れは一向関《あずか》らず、自由の精神なく独立の気象なく、政府に依頼し政府を恐怖し、政府の命令とあれば是となく非もなくへー〱はい〱只管《ひたすら》之に従て、言ふべき事も言ひもせず論ずべき事も論じもせず、怒るに怒らず怨むに怨まず、卑屈の奴隷に安んじて此に満足する人民等は、是れは国家の良民ではない、ほんに国家の死民でござる。(50)

「国家公共」のことに気を使い、自由独立の精神があってはじめてその国家の人民は「良民」といえるのであり、反対に私的な日常に埋没し政治に無関心な人民は「死民」として断罪される。このような植木の「良民」観念に丸山眞男は、自由民権運動にみられる「士族的」もしくは「郷紳的」要素の代表格であると評価している。[51] したがって植木の場合、士族における公共精神と国家的関心をもつ存在として「良民」の規定を試みていた。

一方で兆民がCitoyenを「士」と訳すとき、彼の念頭にあったのは日本的士族像ではなく、明らかに中国的士大夫像であった。そもそも「士」に対して何らの意味が含まれていることを穿鑿することに警鐘を鳴らす先行研究も存在する。[52] たしかに、『訳解』におけるCitoyenに対する訳語は、「士」のみではなく「国ノ人」や「衆人」などの語もあてられている。しかし、Citoyenという語の翻訳として、定訳をみないとはいえ、そのうちの一つに「士」をあてたということは看過できない。

『訳解』にとっての「士」(Citoyens)とは、「民」が「法」を発するための議論に参加したときの個々の呼称であった。そのうえで、自身が作った「法」に自らが従うときに「臣」(Sujets)と称された。要するに「律例を議する」者である「士」とは、「君」として「令」を出し、「臣」としてこれに従うことができる政治参加者のことである。しかし、「民約」を結ぶ以前において人びとは、「士」から程遠い存在であった。この時の人びとは、あたかも「自由」を得ているようだが、それは慾や情の趣くままに行動する、勝手気ままという伝統的な漢語「自由」でしかなく、自身の精神を主宰するlibertéが人びとにおいて実現されているとはいえなかった。そして、自身の精神の主宰者であり、「士」の基礎となるlibertéこそ、ルソーのいうliberté moraleに他ならなかった。『社会契約論』で唯一登場するこのことばについて、ルソーは次のように述べていた。

社会状態において得たものには道徳的自由（liberté morale）を加えることができるであろう。道徳的自由のみが人間を本当に自己の主人とさせる。なぜなら、単なる欲望の衝動は奴隷状態であり、自らに課した法に従うことが自由ということであるからである。しかし、私はこの問題について多くを論じ過ぎたし、「自由」という言葉の哲学的な意味は私の主題ではないのである。(53)

『訳解』はこれを次のように訳出している。

此の約に因りて得るところ、更に一あり。何の謂ぞ。曰く、心の自由、是なり。夫れ形気の駆《か》るところと為りて自《みず》から克脩することを知らざる者、是れ亦た奴隷の類のみ。我より法を為《つく》り、而して我より之に循《したが》う者に至りては、其の心胸綽《しゃく》として余裕あり。然りと雖も、心の自由を論ずるは理学の事、是の書の旨《むね》に非ず(54)

自由の最高段階である liberté morale はルソーによると、社会契約を結ぶことでかつての欲望の趣くまま行動する自由から、自己の欲望を抑制して道徳が命ずる「人間を真に自己の主人たらしめる」ものとなる。ただしその際、民主主義の根幹をなす言論・思想・討論・出版等々の自由は制約の対象となる。兆民はルソーの原文を比較的忠実に訳出しているようにみえるかもしれない。しかしここでルソーは単に「自由の哲学的な意味」への無関心を語るのに対して、兆民は「心の自由」を「理学」のテーマであるという肯定的な命題として強調している点は重要な差異である。[55] これにより「自由」という哲学的意味はここでの主題ではないと言い放って liberté morale を宙吊りにしたルソーとは別に、兆民は独自に理学の世界に進んでいくのであり、[56] その成果は後に『理学鉤玄』として結実するであろう。『訳解』において兆民はさらに、この訳文に対して付した詳細な「解」において、「民約」を結ぶ以前に人びとは「慾を縦《ほしい》ままにし情に狥《したが》い、自から脩厲することを知ら」ない「禽獣」のような存在であったという。それは、「極めて活潑自由なるが如しと雖も、実は形気の駆役する所と為《な》るを免れず、本心はじめより未だ主宰を為」さない「奴隷の類」に等しい。しかし人びとは「民約」を結ぶことによって、「禽獣」とは異なる「心胸綽《しゃく》として余裕」のある者として「心の自由」を獲得し、「士」として「法を議する」ことができる。そして「自《みず》から法を為り、而して自から之に循えば、則ち我の本心、曽て少《いささ》かも抑制を受くること有らず」、すなわち「自治」が達成されるのであった。[57] 要するに兆民は、「心の自由」という道徳的自律の獲得を以て、人びと自身が「主宰を為」す「自由」に至ると考える。

ルソーから学んだ liberté morale は、兆民独自の思想を形成するにあたっても重要な役割を果たした。『東洋自由新聞』第一号の社説は、「リベルテー・モラル」を次のように定義していた。

リベルテー・モラルトハ、我ガ精神心思ノ絶エテ他物ノ束縛ヲ受ケズ完全発達シテ余力無キヲ得ルヲ謂フ是レナリ、古人所謂義ト道トニ配スル浩然ノ一気ハ即チ此物ナリ、内ニ省ミテ疚シカラズ自ラ反シテ縮キモ亦此物ニシテ、乃チ天地ニ俯仰シテ愧作スル無ク、之ヲ外ニシテハ政府教門ノ箝制スル所トナラズ、之ヲ内ニシテハ五慾六悪ノ妨碍スル所トナラズ、活潑々転轆々トシテ凡ソ其馳騖スルヲ得ル所ハ之レニ馳騖シ愈々進ミテ少シモ撓マザル者也(58)

ここにおいて「リベルテー・モラル」は、『孟子』を典拠として「内ニ省ミテ疚シカラズ自ラ反シテ縮キモ亦此物ニシテ乃チ天地ニ俯仰シテ愧怍スル」ことのない、「義ト道トニ配スル浩然ノ一気」であると説明される。つまり「道徳性が人間の心に生得的に内在する」ものとして「リベルテー・モラル」は再構成される。そもそも、「リベルテー・モラル」にあたる「浩然の一気」は、『孟子』において次のように説かれている。

「敢て問ふ、夫子悪にか長ぜる」と。曰く、「我、言を知る。我善く吾が浩然の気を養ふ」と。「敢て問ふ、何をか浩然の気と謂ふ」と。曰く、「言ひ難きなり。其の気為るや、至大至剛以て直、養うて害すること無ければ、則ち天地の間に塞がる。其の気為るや、義と道とに配す。是無ければ餒う。是れ集義の生ずる所の者にして、義襲うて之を取るに非ざるなり。行ひ心に慊からざること有れば、則ち餒う(59)。

朱熹の解説によると、「浩然」は盛大流行の形態、「気」は体に満ち溢れるものであり、「気」を養うことによって「道義」に合致し、天下において懼《おそ》れるところがなくなる。要するに「浩然の気」とは、外部からの刺激ではなく、個々人の内発的な修養を契機とした人格形成を意味した(60)。そして兆民は、『孟子』の

行為ノ自由」（「リベルテー・モラル」）を「我ガ本有ノ根基」として、第二目の「行為ノ自由」（「リベルテー・ポリチック」）が生じると説く。「リベルテー・ポリチック」とは、「人々ノ自ラ其処スル所以ノ者及ビ其他人ト与ニスル所以ノ者」であり、具体的には「一身ノ自由」「思想ノ自由」「言論ノ自由」「集会ノ自由」など、いわゆる市民的自由を指す。[61] 兆民において、市民社会の主体を担う倫理的エートスの確立は各人の「道徳」によって基礎づけられるのであり、言い換えると個々の道徳的主体の確立を抜きにして「自由」を獲得することはできない。[62]「人間にはもともと否定しがたい道徳的性向が埋め込まれており、問題はその涵養と教化の成否であった」と考える兆民にとって、ルソーの社会契約が孕む社会性をもたない構成員における「人間相互の規範的拘束」は意味を成さない問題であった。[63] そのため『訳解』における「民約」とは、人びとが固有する道徳性を発現するための一つの契機であり、こうして道徳化した人びとにおける「自由」は貴重されるべき対象となる。人びとは誰しもが「君子」として「討議」に参与することによって、ある種の公論を獲得することができると考える兆民にとっての「自由」は、ルソーのような「立法者」によって強制されるものではなく、誰しもが内在的に備えている「リベルテー・モラル」（「心の自由」）を遺憾なく発揮させることで、主体的に獲得できる概念として再構成された。したがって、「浩然ノ一気」たる「リベルテー・モラル」に基づき「完然発達」を遂げることによって、叡智を遥かに超越した「立法者」が存在しなくとも、学問を修め道徳の完成者、すなわち「士」として人びとにおいて「自治」が保障される。つまり、「士」たり得る人びとこそが自己立法を担う「立法者」に他ならないのであり、かくして「智慮は るかに衆人の上に出る者」である「制作者」は『訳解』ではほとんど正当化され得ない存在となるのであった。「国会」という場での「討議」を通じた立法の可能性を終始『訳解』で模索していた兆民にとって、「立法者」は一つの隘路であり、それゆえ克服すべき対象として認識されるのであった。

終章　「儒学者」から「理学者」へ

兆民との比較でよく持ち出される思想家の一人に福澤諭吉《ふくざわゆきち》（一八三五－一九〇一）がいる。「我国に於て「啓蒙」を語ることは即ち福沢を語ることであるといっても過言でない」との丸山眞男の言に鑑みるまでもなく、近代日本において福澤が果たした役割は実に大きい。[1] 福澤によって設立された慶應義塾で学んだ人びとは、国内外を問わず広く啓蒙活動を行い、また彼の『西洋事情』や『学問のすすめ』はベストセラーとなった。さらに日本の文明開化、国民精神の涵養のために、福澤は旧来の学問の根本的な改革を通して「数理学」を日本に定着させることが重要であると考えていた。[2]「東洋になきものは、有形に於て数理学と、無形に於て独立心と此二点である」という『福翁自伝』にみられるこの言葉から、伝統的な考えや理論にとらわれず、主体的に吟味・検討し、つねに新たな真理の発見を目指す精神の有り様と直接に結びついたものとして「数理学」は理解されていた。[3] ここでの伝統的な考えとは、儒学を指すことは言うまでもない。人びとを「啓蒙」し、ひいては個々人に独立心を確立させるために最もその障壁として儒学は克服されるべき思想として捉えられていた。文明開化の過程においても人びとはなお、前代の「儒魂」を有していると「儒魂の不滅」

を嘆き、儒学は「精神の奴隷（メンタルスレーヴ）」であると批判する福澤の姿勢は、「文明」の受容に際して「伝統」たる儒学は乗り越えられなければならないことを顕著に示す。したがって、福澤にとって儒学思想は、学問が生活といかなる仕方で結びつくかという点を重視する「実学」と対極に位置する(4)、抽象的な体系性を多く備える「虚学」、あるいは「古習の惑溺《わくでき》」に過ぎなかった。

兆民の場合は福澤のように平易な文体で著作を書かなかったことも相俟って、ベストセラーと称するような作品はない（強いて挙げるならば最晩年の『一年有半』であろうか）。人びとの精神の涵養如何という問題意識は福澤と同じく共有されていたとはいえ、兆民において福澤が「虚学」として敬遠していた儒学は、人びとの内面の修養にあたり欠かせない思想であった。そして、この点を強調するにあたり、ルソーの『社会契約論』は恰好の思想書であった。人びとが内面の修養を通じて「君子」になる可能性を信じてやまなかった兆民にとって、『社会契約論』のように「立法者」や「市民宗教」を用いなくとも、主権者たり得る。「聖人学んで至るべし」という朱子学の根本命題によって主権在民の担保を試みていた『訳解』は、それゆえに単に儒学の用語で翻訳しルソーの政治思想を提示した「東洋のルソー」が垣間見られる翻訳書ではなく、在来思想である儒学への回帰とその刷新を図った儒学者・兆民の思想作品として評することができる。

そしてこの儒学者は、個々の内面の修養の根拠として重視されていた「リベルテー・モラル」の穿鑿をさらにおし進めるにあたり、後に「理学者」としてその姿を転じることになるであろう。『訳解』と異なり、「文ハ則《すなわ》チ別ニ結撰シテ初《はじめ》ヨリ原文ニ拘泥《こうでい》セズ、此《こ》レ其著ト称シテ訳ト称セザル所以《ゆえん》ナリ(5)」とその凡例で自身の著作であると明言していた『理学鉤玄』では、『社会契約論』の liberté morale の概念を中心軸にすえた議論が進められることになる。つまり、『理学鉤玄』はルソーへの持続的な関心、またその中で示される「リベルテー・モラル」に対する兆民の思想的関心が認められる著作であった。[6]

ここでの「理学」とはphilosophieに対する兆民独自の翻訳である。兆民は、既に一般に用いられていた「哲学」という言葉をほとんど使わずに、それに替わって「理学」の語を用いる。[7]しかし「哲学」の訳語を考案した西周は、「理学理論ナト訳スルヲ直訳トスレトモ、他ニ紛ルコト多キ為メニ、今哲学ト訳シ、東洲ノ儒学ニ分ツ」と述べていたように、儒学と区別されなければならない概念として「哲学」を造語した。[8]あるいは『百学連環』では、「哲学の部に至りて西洋を以て先になせしは、我か国の如きは更に哲学と称すへきものすくなく、漢の如きも西洋の比にあらさるに依るところ」とあるように、[9]西は「哲学」は儒学を排除した、西洋独自の学問体系であると説明していた。[10]一方、兆民が考案した「理学」とは宋明理学とあるように、もともと儒学(宋学)に由来することばであった。西が「理学」をphilosophyの訳語として採用しなかったのも、儒学と「紛ルコト」に配慮したからであり、「哲学」を儒学とは根本において異なった学問と理解していたことによる。[11]「理学」のこととして留保されていた『訳解』における「心の自由」、あるいは「リベルテー・モラル」を『孟子』のいう「浩然の気」の類概念であると説明していた兆民は、『社会契約論』の漢訳という経験を契機として、いよいよ「理学」の世界に足を踏み入ることになるであろう。その背景には、兆民が「理学」と称するとき、そこに西のような「西洋/東洋」という図式は解消される。兆「儒学の「経典」の自己閉鎖性を超え、知的視野を可能な限り拡大させる方向で【中略】宋学的主知主義・合理主義の精神を生かそう」とした兆民なりの魂胆があった。[12]『社会契約論』に対して儒学者として挑んだ兆民は、「リベルテー・モラル」を残った課題として、西洋における「理学」の系譜を確認しなければならなかった。ただしそれは、『社会契約論』に対しても「理学者」として臨んでいたことを意味しない。そうではなく、自身が「理学者」として飛躍するにあたっても、ルソーを通した儒学の普遍性の確認という作業は兆民にとって必要不可欠な営為であった。

開国後の日本において儒学は、怒濤のように流入してきた近代西洋思想を受容するにあたり「語彙のデータベース」として大いに役立った[13]。ただし儒学は、見慣れぬ概念を表現する手法に留まらず、儒学自体が西洋思想との交錯により再構成される場面もみられた。兆民もまた、「語彙のデータベース」たる儒学を駆使することによって『社会契約論』を翻訳していたことは一面において事実である。ただし他方で、ルソーの受容は、儒学そのものの存在意義についても改めて考えることをもたらしたように、兆民にとって重要な契機でもあった。それゆえに、「啓蒙」たるルソーに対して「伝統」たる儒学で臨んだ兆民という図式のみによってでは、『訳解』の思想史的意義を説明することはできない。近代日本にもたらされた「衝撃」は、単に「西洋」とは何かという問題に対する思索を促すに留まらず、少なくとも兆民にとっては、儒学とは何かを模索させる大きな出来事であった。

補論 中国の『社会契約論』

明治日本における『社会契約論』の全訳は、服部徳の『民約論』（明治一〇年）を嚆矢《こうし》とする。ただしこの訳書において服部は、一抹の不安を吐露せざるを得なかった。すなわち、その「凡例」において、「コントラ、ソシアール」は「意味頗ル深重ナリ、之レヲ一読スルニ殆ト困難ノ情ヲ覚ユ」と、服部にとって原著の内容は甚だ難解なものとして映っていた。[1]たしかに、訳文では原著を十分に理解できずに致命的な誤訳をしばしば犯していたことからも、服部の告白は単なる謙遜で済まされそうにない。そのため、日本で初めての『社会契約論』全訳という訳業に対する評価は、高いとはいえない。[2]

明治一五年には兆民の『民約訳解』（原著の第一編まで）が、その翌年には原田潜の『民約論覆義』が出版される。後者の原田訳も服部訳と同様に全訳で、訳者による解説（「覆義」）が適宜付されている。原田は冒頭の「例言六則」で、「本編ハ意味玄妙ニシテ殆ント迷津望洋ノ憾ナキ能ハサル所アリ、因テ其大旨ヲ欄外ニ掲示シ読者ヲシテ本旨ヲ体認スルノ舟筏トナス、冠シテ覆義ト云フ」と、原著の内容が頗る難解であり、読者の便宜を図るために「覆義」を付したと述べていた。[3]しかし誤訳の多い服部訳をしばしば参照し、その間違いを無批判に継承するため、原田訳は訳文・解説ともにますます混迷に陥る事態となった[4]。『訳解』の場合も、部分訳であったこと、さらには漢文で書かれていたため、その高尚な文体が賞賛の対象となったが、同時に隘路にもなり、日本では多くの読者を持ち得なかったことは先述した（本書第四章）。

『社会契約論』の全貌が明治の読者に十全に示されていたとは言い難い『民約訳解』と『民約論覆義』は、清末民初の中国にもたらされた[5]。島田虔次《しまだけんじ》は、『民約訳解』の訳文に類似する民約通義と題される訳本が、清末中国において数種出回ったことを指摘し、そのうちの一つを上海図書館で発見している[6]。そして近年、一八九八年に上海大同訳書局から出版された『民約通義』が発見された[7]。『民約訳解』に応じるかたちで、『民約通義』の訳出範囲は第一編第九章までであったように、中国では久しく原著の第一編のみの紹介に留まっていた。それでもなお『民約訳解』が選ばれたのは、体裁上、漢文で書かれていたためであろう。次いで二〇世紀の初頭には、日本への留学経験を有し日本語を解し得る（ただしフランス語は読めない）者が、和文の『民約論覆義』の漢訳を試み中国に紹介している[8]。また、辛亥革命を経て民国が成立した直後においても、原田訳より分かりやすく、かつ「革命」や「共和」の原理を説く訳書として『民約訳解』に再度注目が集まった。このように、中国における『社会契約論』の紹介は、長らく兆民訳と原田訳に依拠していたことからも、これらを抜きにしてその様相を語ることはできない。ただしその一方で、明治日本の訳書（「日訳」）が『社会契約論』の内容を正確に祖述していないため、これらに拠らずに翻訳する気運も高まってきた。一九一〇年代に至っては、兆民訳と原田訳に依拠しない全訳が登場する。フランス語に堪能であった訳者は、日本で刊行された訳書に間違いが多いことを指摘したうえで、これらに一切拠ることなくフランス語の原著に直接あたり全訳を完成させた。

このように中国における『社会契約論』受容の特徴は大まかに、（1）『民約訳解』の（無断での）転載、ないしは重刊（2）『民約論覆義』の漢訳（3）日本の訳書によらない翻訳、の三つに区分することができる。特に、**表1**をみれば明らかなように、兆民訳は『民約通義』のみならず、その他の訳書に対しても大きな影響を与えていた。まさに彼が「日本」を超えた「東洋のルソー」と称される所以であろう。そのため、中国での『社会契約論』受容に関する先行研究においても兆民訳の存在に重きが置かれるかたちで注目されてきた。[9] しかし、これまで蓄積されてきた研究では、一貫して『民約訳解』が『社会契約論』の正確な翻訳として捉えられていること、それゆえに兆民はルソーの政治思想の紹介者、すなわち「東洋のルソー」（「東洋盧梭」）とみなされてきた。[10] そして、既に清末民初における兆民の読者も、彼らのルソーに対する認識をただちに兆民に結びつけて『民約訳解』を把握していた。しかし、「革命」や「共和」の論理をルソーから見出し、無批判に兆民に投影させたイメージは、彼の実像を描くものではなかった。つまり兆民は「革命」、あるいは日本における「共和」の実現に対して、とりわけ警戒していたにもかかわらず、[11] 中国ではかえってこうした点に着目されるのであった。ゆえに、清末から民初にかけての『民約訳解』は、兆民の意図から乖離するかたちで、むしろ中国知識人によって「誤解」され受容された。

こうした事情を踏まえたうえで、本書の目的は次の二点にある。第一に、中国における『社会契約論』の受容史を整理するにあたり、刊行に携わった者によって付された序文を紹介し検討する。第二に、これまでの本書における議論を踏まえて、「東洋のルソー」という枠組みを外すことによって、すなわち『民約訳解』

表1　明治日本と中国の『社会契約論』

書名	出版所	訳者	出版年	訳出範囲	底本	「ルソー」表記
「民約訳解」	東京仏学塾出版局	中江篤介（訳并解）	一八八二年一〇月	部分訳（第一編第九章まで）	原著	法朗西　戎雅屈婁騒
「民約通義」	上海大同訳書局	中江篤介（訳解）	一八九八年	部分訳（第一編第九章まで）	『民約訳解』（単行本）	法国　戎雅屈婁騒
「民約通義」	上海図書館蔵翻印本	表記無し	一八九八年？	部分訳（第一編第九章まで）	『民約訳解』（単行本）	法国　盧騒
「民約論」	《訳書彙編》第一、二、四、九期	表記無し	一九〇〇年	部分訳（第二編第一二章）	『民約論覆義』	法国　盧梭
「路索民約論」	上海文明書局	楊延棟（訳）	一九〇二年一二月	全訳	『民約論覆義』	法国　路索
「民約論訳解」	《民報》第二六号	中江篤介（訳并解）	一九一〇年	部分訳（第一編第九章まで）	『民約訳解』（兆民文集）	法蘭西　戎雅屈盧騒
「盧梭民約論」	《大同周報》第一、二期	蘭士（訳）	一九一三年	途絶	詳細は不明	盧梭
「共和原理民約論」	東京民国社	中江篤介（訳并解）田桐（校字）	一九一四年七月	部分訳（第一編第九章まで）	『民約訳解』（兆民文集）	法蘭西　戎雅屈盧梭
「民約論」	上海泰東図書局	中江篤介（訳并解）	一九一四年七月	部分訳（第一編第九章まで）	『民約訳解』（兆民文集）	法蘭西　戎雅屈盧梭
「足本盧梭民約論」	上海中華書局	馬君武（訳）	一九一八年二月	全訳	原著およびその英訳版	扉に表記なし。ただし序に「盧騒」の文字あり。

を思想作品とみなしたうえで、中国における兆民受容の諸相を再評価する。要するに、清末から民初にかけての『社会契約論』受容のあらましを視野に入れつつ、明治日本で刊行された『民約訳解』の思想的意義について再考することを本補論では試みたい。

これに際し、鄒国義の編集にかかる『『民約論』早期訳本合編与資料彙輯』（上海古籍出版社、二〇一一年）の「『民約論』早期訳本」に収録されている、次の『社会契約論』諸訳を検討の対象として取り上げる。

①「民約訳解」（東京仏学塾出版局、一八八二年一〇月版）
②「民約通義」（上海大同訳書局、一八九八年版）
③「民約通義」（上海図書館蔵翻印本）
④「民約論」（『訳書彙編』、一九〇〇年第一、二、四、九期）
⑤「路索民約論」（上海文明書局、一九〇二年一二月版）
⑥「民約論訳解」（『民報』、一九一〇年第二六号）
⑦「盧梭民約論」（『大同周報』、一九一三年第一、二期）
⑧「共和原理民約論」（東京民国社、一九一四年七月版）
⑨「民約論」（上海泰東図書局、一九一四年七月版）
⑩「足本盧梭民約論」（上海中華書局、一九一八年二月版）

（出版順。本補論では順不同に取り上げる）

一・『民約訳解』とその転載：「民約訳解」（東京仏学塾出版局、一八八二年一〇月版）と「民約論訳解」（『民報』、一九一〇年第二六号）

一口に民約訳解といえども、この作品は明治日本において三つのメディアに掲載された。はじめは、兆民が主宰していた仏学塾の発行する機関雑誌『政理叢談』（途中で『欧米政理叢談』と改題されるが、本補論では『政理叢談』で一貫させる）において、原著の第二編第六章までを途中の中断もはさみ明治一五年から約一年半にわたり、都合二六回連載された。そもそも『社会契約論』は仏学塾で取り上げられていた文献の一つであった。『民約訳解』の「叙」では、『社会契約論』を訳出するに至った経緯が次のように説明されている。

> 旁行の書に至りては、夙《つと》に思を覃《こ》めて誦習するところ、聊《いささ》か自《みず》から得るところ有るを覚え、徒《と》を聚めて教授すること此《ここ》に年あり。頃者《ちかごろ》二三子と謀り、婁騒あらわす所の民約なるものを取りて之を訳し、巻を逐《お》うて鏤行《るこう》し、以て世に問わんとす。(12)

『社会契約論』を何度も繰り返し読むことで「自から得るところ有るを覚え」、学生を集めてその内容を教授した。そして、その成果がこの度発表する「民約訳解」であった。

依然として『政理叢談』上での連載が続いていた明治一五年に、そこから巻之一（原著の第一編に相当）のみが、仏学塾出版局より単行本として刊行された（『民約論』早期訳本合編与資料彙輯』に載る「民約訳解」は、この単行本版である）。『政理叢談』に掲載された稟告欄では、「訂正民約訳解巻之一、定価三十銭。右ハ政理叢談ニ続出セルルーソー氏ノ漢訳民約論ヲ訂正纂輯シ且ツ大ニ其註解ヲ増補セル者ナリ」と紹介されていることから、[13] 単行本化するにあたり『政理叢談』版に加筆修正が施されていることが窺える（巻之二は刊行されなかった）。とりわけ顕著な手直しは、右記にもあるとおり解説（「解」）の追加と削除である。一例を挙げると、もともとの『政理叢談』版の「民約訳解」（巻之一第二章「家族」）には、次のような「解」が施されていた。

> 漢土の堯・舜・禹・文、羅馬の末屈奥列の路易第九、及びなかんずく我が歴代の聖主は、皆な至仁深慈、民を視ること傷めるものの如く、啻に父母の子に於けるのみならず。此に言うところの君とは、特に暴君を斥《さ》す。[14]

これは、国家において首長は人民に父親が子供たちに与えるような愛情を抱かず、支配の喜びが愛情にとってかわっている、とルソーが述べる所に対する解説であった。兆民訳はこれを、「父の子に於けるや愛念きわまりなく、其の撫摩《ぶま》顧復《こふく》は至情より出づ。故に益、得べきなり。君に至りては則ち然らず。初めより民を愛するの心あるに非ず、而して其の尊に拠り下に莅《のぞ》むは、ただ自ら威福を作《な》さんと欲するのみ。豈に能く民に益すると謂わんや」と訳す。つまりこの文脈において「君」はただ自分の「威福」を満たすために君臨しているだけであり、「民」を「愛するの心」を有さない。それゆえ「君」とは、「暴君」であるとの兆民の指摘は分かりやすい。しかし兆民のいうところでは、一概に「君」といえども、全員が暴君であるとも限らない。なかでも「我が歴代の聖主」、すなわち天皇は「至仁深慈」を「民」に施すように、「暴君」とは対極に位置する存在であるため、代々「命を革め」られることがなかった。これとあわせて、日本の天皇と外国の「帝王」の内実が異なることを注意した次の一節も、単行本化するにあたり削除されている。すなわち、「西方諸国は、しばしば命を革め物を易《か》う。此の説ある所以なり。我が邦は古より神聖あい承け、瓜瓞《かてつ》千歳に綿々、固より外国と夐《はるか》に別なり。読者、其れ諸を察せよ」[15]。「古より神聖あい承け、瓜瓞千歳に綿々」として継続してきた日本において、これまで「革命」は起きなかったと捉える（もっとも、この一節はある種の韜晦である可能性も考慮に入れるべきであろう）。「首長」は人民に愛情を抱かないとのルソーの主張に一方で同意しつつも、他方で天皇をはじめとする「君」が必ずしも暴君ではないことを強調するために、『政理叢談』版はこのような「解」を挿入した。ただし、原著の文脈に鑑みると明らかな蛇足であり、単行本化するにあたり削除したのは妥当な判断であろう[16]。

そして最後に、兆民の死後に愛弟子・幸徳秋水の尽力によって刊行された『兆民文集』（一九〇九年）に収録された「民約訳解」である。これは、単行本をそのまま収める内容である（したがって、巻之二は割愛された）。

そもそも、『政理叢談』は予約購読者にしか読まれなかったため、「民約訳解」を閲覧するにあたっては単行本、ないしは『兆民文集』は便利であった（つまり巻之二部分は、『政理叢談』を手に取らない限り読むことができなかった）。「解」の有無という判断基準に基づけば、中国での「民約訳解」の受容に際して、『政理叢談』に拠るものは皆無であり、いずれも単行本、あるいは『兆民文集』が底本にされた。それはすなわち、中国では久しく巻之一（第一編第九章まで）の紹介に留まっていたことを意味する。

『民報』第二六号（一九一〇年）で紹介された「民約論訳解」は、幸徳秋水の編にかかる『兆民文集』に収録されている「民約訳解」の転載である。[17] 事実、「民約論訳解」の最後に付された「按」には、「中江篤介は東方盧梭の称を有す、没後、著わす所の『兆民文集』、今年十月八日に始めて発行す。取りて之を読むに、甚だ其の精義に服す、中に『民約論訳解』凡そ九章ありて、特に之を録し以て読者に餉《おく》る」とある。[18] ただし、革命党の機関紙である『民報』に掲載されたにもかかわらず、「民約論訳解」が革命派に与えた影響の痕跡については、明確に認めることができない。[19]

二・中国における最初期の『社会契約論』：「民約通義」（上海大同訳書局、一八九八年版）と「民約通義」（上海図書館蔵翻印本）

先述のように中国における最初期の『社会契約論』の訳本は、島田虔次によって上海図書館で発見された「民約通義」（以下、図書館版『通義』）と、鄒国義によって発見された『民約通義』（以下、大同版『通義』）の二種が確認されている。ともに民約通義と題される両著の内容は、しかしながら必ずしも一致しない。前者については、原著者ルソーの名は確認されるが、訳者名（「中江篤介」）、出版者名は明記されておらず、さらには奥付や兆民の「叙」もない。とはいえ、その訳文を瞥見すれば兆民訳とほぼ一致するため、図書館版『通義』が『民約訳解』の翻版（海賊版）として従来みなされてきた。[20] 一方、後者の大同版『通義』については、訳者・解説者が「中江篤介」であると明記されている（兆民の「叙」はここでも割愛されている）。同書は、康有為の『日本書目志』に掲載された広告「大同訳書局各種書目」にその名を認め得るが、これまで発見には至っていなかった。(21) 詳細は後に譲るが、実はこの大同版『通義』が『民約訳解』を参照していたのであり、図書館版『通義』は大同版『通義』を改変したものに過ぎないことが明らかにされた。したがって、新たに発見された大同版『通義』は、中国における『社会契約論』（あるいは『民約訳解』）受容の様相を窺い知ることのできる意義のある史料である。(22)

二つの「民約通義」は、清末中国の「封建的専制に対する攻撃的な文章」と評される、「咽血嚨⿰口胡子」（yàn xuè lóng hú zi）なる者の「慷慨激昂」な「序」を有する。(23)「孔聖の因民の義、子輿の民貴の説は、陰陽を平等、民物を一体にせざることなし」から始まるその序文は、孔子や孟子が説いた民本思想や平等思想の意義を確認したうえで、晋朝から現在に至るまでの中国がそうした理念に悖る悲惨な様相を呈していることを強調する。そのうえで、「惨なるかな中国や、惨なるかな、中国を笑う者にして復た中国の頑態を顰《ひそ》めんや」と、現状の中国に対して何もせずにただ眉をしかめ傍観している者が実は最もみじめであると手厳しく非難する。そのため「愚者」ではなく「智者」として「毣毣《ぼうぼう》微意《びい》」に察すること、すなわち「沈詳して之に詠嘆せざるを得」ない（深く物事を考え、感嘆する）態度が重要なのであり、それにあたってルソーの『社会契約論』は恰好の一冊であった。それゆえ「余、其の書を読み、其の人となりを想見す、月涼風蕭すれども、猶お抵徊展巻して已むこと能わざるなり」と述べるように、『社会契約論』やルソーのことをあれこれ考えれば、綺麗な月やそよ風が吹こうとも、妨害されることはない境地に至ることができた。「咽血嚨⿰口胡子」にとって「『民約』の一書」は冒頭の「孔聖の因民の義、子輿の民貴の説」に通じ、現在の中国が抱える問題を打開する儒教的民本思想の系譜に連なる思想書であった。そして何より本書で論じてきたように、兆民その人がルソーの政治思想から儒学思想を見出していたように、この序文も「婁騒『民約』」を儒学の文脈に適う書物として認識する。こうした点を踏まえ「咽血嚨嘝子」は、「余、豈に敢えて忘《ママ》〔妄〕りに謅論を崇め、以て吾が忠厚の人心を失うや。余、亦た豈に靦然《てんぜん》として世に阿るを忍び、以て吾が孔聖の因民の微意に悖るや」（妄りに出鱈目な論を崇拝し忠厚の心を忘れる、あるいは恥も知らずに世に阿ることによって、民に基づかなければならないという孔子の言葉に悖るようなことが我慢できようか）、と現在の堕落した世の中に迎合せず、儒学が本来志向していた精神に悖らないためにも『社会契約論』を読む必要性を説き、序文を結ぶ。

大同版『通義』と図書館版『通義』がともに有する「咽血嚨嘝子」の序文を仔細に比較すれば、誤字（「忘」）が共有されていたとはいえ、その中身は必ずしも一致しない（この点は後述）。また、訳文をはじめその他においても両著間では往々にして差異が存する。それは、図書館版『通義』が兆民訳ではなく、専ら大同版『通義』に依拠していたためであった。つまり、先に結論を示すならば、図書館版『通義』が『民約訳解』の翻版として中国における最初期の訳本として従来みなされていたが、実は大同版『通義』が先行して兆民訳を受容していたのであり、図書館版『通義』は大同版『通義』の写しであった(24)。例えば、先ほど示唆したとおり、大同版『通義』では「法国 戎雅屈婁騒」と併せて「日本 中江篤介訳解」が明記されていたが、図書館版『通義』では「法国 盧騒」のみで兆民の名はみられなかった。しかも「ルソー」の表記が「婁騒」（大同版『通義』）と「盧騒」（図書館版『通義』）で異なり、さらに前者は「戎雅屈《ジャンジャック》」を冠す(25)。訳文に関しては、例えば第二章「家族」において、兆民訳と大同版『通義』はそれぞれ次のようにある（あえて読み下さず、漢文のまま示す）。

【民約訳解】
人之相聚為党、其類亦蕃矣、其最首起且最自然出者、莫踰於家族焉、然子之統属於父、独在嬰孩不能自存之候而已、及其年長、不復須属於父、而天然之羈紐解矣、於是為父者、不必為子操作、而為子者、亦不必承受於父、而各得以自守、此自然之理也[26]

【民約通義】
人之相聚為党、其類亦蕃矣。其最首起且出於自然者、莫踰於家族焉。然子之仰食於父、独在嬰孩不能自存之候而已。及其年長、三明以鐍之、百芸以磨之、則膂力之余、還当自養矣。於是為父者、不必嬰視其子、為子者亦不容待食於父、而各得以自守、此自然之理也[27]。

兆民訳を改変したところが散見されるとはいえ、注目すべきは『民約訳解』にはなく、大同版『通義』が追加した「則膂力之余、還当日自養矣」という一節である。というのも、図書館版『通義』でこの箇所は「則力当自養矣」となっていることからも[28]、明らかに大同版『通義』におけるこの一節が念頭になければ表現することはできない。要するに、先行する大同版『通義』の「則膂力之余、還当自養矣」という一節を、後続の図書館版『通義』が「則力当自養矣」に書き換えたのであり、それゆえ図書館版『通義』は『民約訳解』ではなく、あくまでも大同版『通義』に拠っていたといえる[29]。加えて、「咽血嚨嘲子」による序文において、「忍哉祖龍乎、忍哉悪祖龍者而復歩祖龍之前轍也」（大同版『通義』）の箇所は、図書館版『通義』では「忍哉祖龍乎、忽哉悪祖龍者而復歩祖龍之前轍也」と、「忍哉」と「忽哉」で異なる。これは些末な差異として済まされる問題ではなく、本来の文脈では始皇帝（＝祖龍）の気性の残忍さを強調しなければならないにもかかわらず、「忽哉」ではそうした意味をもたない。つまり、「忽哉」は「忍哉」を書き写す際に生じた誤植であり、それゆえ先に存在していたのは大同版『通義』であったことに間違いない[30]。

なお、大同版『通義』が底本とした兆民訳は、『政理叢談』ではなく、単行本の方であった（二十世紀に至り刊行された『兆民文集』は、言うまでもなく有り得ない）。これは単に、巻之一第九章「土地」までの訳出範囲が一致しているという外見上の事情のみならず、本文における一致点からも説明し得る。例えば、『政理叢談』版の第一章「本巻旨趣」のはじまりは、「人之初生也、趣舎由己不仰人処分、所謂自由之権、今也尽天下皆不免徽纆之困」とある。単行本化するにあたりこの一節は、「昔在人之初生也、皆趣舎由己不仰人処分、是之謂自由之権、今也天下尽不免徽纆之困」のように語句や強意表現が追加されていた[31]。大同版『通義』は、この文言を一切の変更なく採用していたことからも、参照にされていたのが単行本であったことに異論はない。

三．辛亥革命期における兆民訳の影響：

『共和原理民約論』（東京民国社、一九一四年七月版）と『民約論』（上海泰東図書局、一九一四年七月版）

一九一一年の辛亥革命によって、長きにわたり存続してきた清王朝は瓦解した。これによって、紀元前三世紀の秦から続いてきた皇帝政治は終わり、アジアではじめての共和国家が成立した。しかしその後は、いわゆる第二革命の失敗によって、革命の立役者たちは追われる身となり、その多くが日本へ亡命した。そこに古参の革命家、田桐《でんとう》も含まれていた。[32] 彼はこの度の革命が失敗した原因を、「共和」の原理の不徹底さに求め、「革命」「共和」の教典としてルソーの『社会契約論』に着目した。その際に注目されたのが民約訳解であり、これに基づき「革命」や「共和」のエッセンスを学び直し周知させるために、『共和原理民約論』と題し重刊した。

こうした事情には、宮村治雄が指摘しているように、中国では共和革命に関して激しいイデオロギー闘争の形をとっており、そこにはルソーの『社会契約論』の評価をめぐる論争が一つの焦点になっていたという背景があった。[33] この点に関して、革命派に対して否定的な立場にあった梁啓超が厳復に書かせた、ルソー批判書「民約平議」とそれをめぐる反応は好例であろう。厳復は『社会契約論』の「大経大法」を、次の三点に要約する。（甲）民は生まれながらにして自由であり、「群」においては皆な平等で善をなす。（乙）天賦人権は皆等しく有し、何人たりともこれを奪うことができない。それゆえに「公養の物」を「私」にすることはできない。（丙）「群の権利」は「公約」に基づくため「戦勝の権利」は権利とはいえない。つまり、力によって得られた物は力で奪うことができる。[34] こうした点を踏まえたうえで厳復は、「自由平等は、法律の所拠を以て為施す、而して民質の本を云うに非ざる」と、「民質」の根本は自由平等ではなく、自由平等が法律を施行する「所拠」であるとして、ルソー流の「天賦人権」を否定する。[35] そのため右記のようなルソーの論は「烏托邦《ユートピア》の政論」であり、天下を損なうものであると指摘する。[36] つまり厳復にとって「民約」という営為は、「前後を統して之を観」たとしても、「吾れ其の何れの世において約するかを知らざる」ものであり、「人群歴史の事実」に合致しない「虚造」にであった。[37]

「天賦人権」をはじめとするルソーの論旨に徹底的な攻撃を加えた「民約平議」が、天津の政論雑誌『庸言』に掲載されたのは一九一四年二月のことであったが、これに対して章士釗《しょうししょう》は「読厳幾道民約平議」（同年五月）においてただちに反応している。「赫胥黎《ハクスリー》」（Thomas Henry Huxley）の議論に基づき「天賦人権」を非とし、「自由平等は、法律の所拠を以て為施す、而して民質の本を云うに非ず」という「民約平議」の主張に、章士釗は納得しない。[38] つまり章士釗は、厳復を「吾が国の邊沁《ベンサム》」と称したうえで、「丐詞」（論点先取 Petitio Principii）にとりわけ注意しておきながら厳復自身がその失策を犯していると揶揄するのであった。[39]

田桐が『民約訳解』を重刊したのは、「民約平議」の五ヶ月後のことであったように、刊行の背景には梁啓超や厳復たちによるルソー流の「共和」への攻撃に対抗するための「思想的な武器」を手にしたという思いもあったと考えられる。[40] ところで、「民約」という営為の歴史的虚構性に関する批判について、兆民の場合は『民約訳解』の単行本化にあたり次のような解説を追加していた。

英吉利の勉雑毋《ベンザム》いう「婁騒《ルソー》の民約は、世いまだ若《かくのごと》きもの有るを聞かず」と。彼れ豈に此の一段を読まず、故に是の言を為すか。婁騒もとより言えり「民約の条目、未だ嘗て之を口に挙げ之を書に筆にせるもの有るを聞かず」と。蓋し婁騒、尤も世の政術を論ずる者の往々いたずらに実迹に拠りて説を為すを悪《にく》む。故に本書、専ら道理を推して言を立て、義の当《まさ》に然るべき所を論ず。而して事の有無は初より問う所に非ざるなり。勉雑毋は用を論じ、婁騒は体を論ず。勉雑毋は末を論じ、婁騒は本を論ず。勉雑毋は単に利を論じ、婁騒は幷せて義を論ず、其の合わざること有るや、固より宜《うべ》なり。(41)

兆民はベンサムとルソーとを対比させることで、歴史的事実に即しているか否かを問題にせず、「民約」が「道理」に則っているため重要であると断言していた。したがって田桐にとって、この解説での「勉雑毋」を「厳復」に置き換えさえすれば、そのまま「民約平議」に対する批判に通じる内容たり得た。(42)田桐において「思想的な武器」となり得る「民約訳解」は、「共和政治」「自治」を論じる『社会契約論』のエッセンスを会得するにあたり、まさに恰好の訳書であった。つまり「民約訳解」を理解することにより中国において頓挫している共和革命を完遂させることができると期待する田桐にとって、同書を重刊することは大いに意義があった。まずは、重刊するにあたり田桐が付した「重刊中江先生漢訳民約論叙」を確認する。

自治を知らざれば、即ち以て共和を言うに足らず、自治の精神強固ならざれば、共和の政治烏《いずくん》ぞ能く発達せん。自治の精神は裏なり、共和政治は表なり。自治の精神は実なり、共和政治は名なり。諸裏に本づき以て諸表を発す、諸実に本づき以て諸名を施す。根本既に立てば、枝葉自ずから茂る、徒《いたずら》に其の表を炫《てら》して其の名を震《ふる》わすは、裏を之れ求めず、実を之れ務めず、此れ世界共和国家の、往往、反復蹉跌の奇厄あるなり。蓋し自治と共和の道は、一にして二、二にして一なる者なり。法儒盧梭先生、路《ル》易《イ》十五時代に当たり、共和政治を鼓倡《こしょう》す、而して其の次序は人民の相い約し自治するを以て始基と為す、此れ誠に天経地義の道にして、磨滅すべからざる者なり。余の行年二十有三、曾て鄂《がく》に在りて滬《こ》上《じょう》坊本漢訳『民約論』を購う、之を読むも竟《つい》に未だ其の理に徹《とど》くこと能わず。去秋亡命し再び日本に走り、復《ま》た中江兆民先生文集を購い、其の中の漢訳『民約論』を取りて反復すること数十遍、始めて恍《こう》然《ぜん》として覚悟す。嗚呼、共和の道は、其れ斯に在るかな。其れ斯に在るかな、と。十年以来、我が国の人士、共和に酔心せざるは非ざるなり、辛亥の歳、武昌首義し、中華民国の旗幟を立て、四境風従、其れ酔いたる如き狂いたる如きの態なること、婦孺《ふじゅ》は論ずること無し、況や其の上をや。何を以て清室既に亡び、民国新たに建ち、約法告成し、国会以て立つ、凡そ借款や、挙兵や、約法を破壊するや、国会を解散するや、種種の重大問題は、人民の其の代表の争う所の者を以て是と為さずして、政府の枉法《おうほう》を以て是と為せばなり。其の理に問えば、則ち又た曰う、我国の民は固より共和を主張するものなり、事は願いと違い、動もすれば矩に中らず、此の種の荒誕の心理、誠に恒理もて度《はか》るべからず、他なし、共和を知りて共和の原理を知らざればなり。共和を知りて共和の原理を知らざれば、共和の道は危うきかな。此れ『民約論』を重刊するの微意なり、是に叙を為す。[43]

「自治の精神」と「共和政治」が表裏一体の関係にあることを徹頭徹尾、強調する内容になっている。つまり、根本たる「自治の精神」を涵養することによって、「共和政治」は確乎として成立する。それにもかかわらず、今回の革命は「自治の精神」が欠落していたのであり、そのために失敗した。そして、こうした田桐の反省は、彼自身に改めてルソーの思想を学び直させる必要性に駆らせるのであった。そもそも「共和政治を鼓倡す、而して其の次序は人民の相い約し自治するを以て始基と為」したルソーの思想は、田桐にとって「誠に天経地義の道にして、磨滅すべからざる者」であった。かつて『社会契約論』（後述する原田訳の漢訳）を読んだとはいえ、その時点ではよく理解できなかった。しかしこの度、亡命先の日本で兆民の漢訳を読むことによって、ようやく「共和の道」の存在を「恍然」として悟ることができた。「共和の道」の神髄は「民約訳解」に存するのだ、と。中国では清王朝が既に亡び、「民国新たに建ち、約法告成し、国会以て立つ」に至った。しかし結局、「借款や、挙兵や、約法を破壊するや、国会を解散する」という「重大問題」が発生したことからも、先の革命は十全に達成されたとはいえない。田桐はその原因を、「人民の其の代表の争う所の者を以て是」とせず、「政府の枉法を以て是」としたことによって人民主体の政治が蔑ろにされた点に求める（ここには、自身を追いやった袁世凱《えんせいがい》に対する批判も含まれるであろう）。要するに、「共和」という文字面のみに固執していただけに過ぎず、「共和の原理」である「自治」を理解することができていなかった。

たしかに兆民は「叙」において、『社会契約論』の主旨とするところが「民をして自《みず》から修治せしめて、官の抑制する所と為る勿らしむる」ことであると述べていたように、誰からの支配も受けない「自治」を『社会契約論』の論点とみなしていた[44]。また『共和原理民約論』には収録されなかったが、「民約訳解」の巻之二第六章「律例」では、République の本質は「自治」にあるため、これを「自治の国」と称すべきであると、次のような長い解を付して説得していた。

法朗西言の列彪弗利《レピュブリック》は即ち羅馬言の列士《レス》、彪弗利二《ピュブリカ》語の相い合せしもの、蓋し列士は事を言うなり、務なり、彪弗利は公を言うなり、列士彪弗利は即ち公務の義、猶お衆民の事と言わんがごとし。一転して邦の義を成す、又た政の義を成す。中世以来、更に転じて民みずから治を為すの義を成す。当今刊行する所の諸書、往々訳して共和となす。然れども共和の字面は、本と此の語と交渉なし、故に従わざるなり。婁騒の時に前《さきだ》ち、並びに今代に至るまで、苟くも列彪弗利と言えば必ず、民みずから国に主となりて別に尊を置かざるもの、即ち弥利堅北部、瑞西、及び今の法朗西の如きを指す、是《これ》なり。其の余は或は帝制の国と称し、或は王制の国と称して、以て之を別異す。今、婁騒は乃ち云う「民みずから律例を為《つく》り、他は羈束を受くるところ無ければ、其の所謂る帝なるもの有ると、所謂る王なるもの有ると、之れ無きとに論なく、皆な之を自治の国と曰う」と。(45)

当該解説が掲載されている『政理叢談』の方に目を通していなかったとはいえ、République の根本が「自治」であると認識していた田桐は、「民約訳解」の注意深い読者であった。その一方で兆民が、République の訳語には「自治の国」が相応しいとして、既に一般に使用されていた「共和」の字面を避けていたことは重要である。「民みずから律例を為り、他は羈束を受くるところ無ければ、其の所謂る帝なるもの有ると、所謂る王なるもの有ると、之れ無きとに論なく、皆な之を自治の国」と称しても問題がないとみなす兆民にとって、「民みずから国に主となりて別に尊を置か」ない「弥利堅北部、瑞西、及び今の法朗西」のような「共和」と、「自治の国」とは峻別されなければならなかった。

そもそも兆民は、君主を置かない「共和」に与しないことを既に「君民共治之説」（明治一四年）で表明していた。同論説では、「レスピユブリカー」(res publica) に対する訳語として、「共和」ではなく「君民共治」を提案する。[46] というのも、「共和政治」では「米国若クハ仏国ノ如ク絶テ君ヲ置クコト無キニ至ル」という「君」の存在しない外見上の政体しか表現し得ない「皮相」な名称に過ぎないためであった。一方で兆民がモデルとするのは、「立君政治」でありながらも、「毫モ独裁専制」に陥ることのなかった「英国ノ政治」であった。つまり英国では、「全国人民ノ公有物ト為シ一二有司」によって独占されない、議会を基盤とする「レスピユブリカー」、すなわち「君民共治」が達成されていた。ただし、ここでいわれる「君」は、「行政立法ノ権」を有することなく、「人民ヲシテ立法行政二権ノ間ニ居テ之レガ和解調停ヲ為サシムル」に過ぎない存在であった。「行政立法」の「権」を有するのはあくまでも「民」であり、これによって「レスピユブリカー」、すなわち「君民共治」は成立する。実際に「君民共治」が達成している英国において、「宰相ハ則チ国王ノ指命スル所ナリト雖ドモ然レドモ要スルニ議院輿望ノ属スル所ノ外ニ取ルコト」はできなかった。一方で、「レスピユブリカー」における「人民」の役割は次のように説明される。

法律ハ則チ挙国人民ノ代員ノ討論議定スル所ニシテ固ヨリ二三有司ノ得テ出入スル所ニ非ザルナリ是ハ

則チ宰相ヲ選スル者ハ人民ナリ其法律ヲ立ツル者亦人民ナリ夫レ人民段々自ラ法律ヲ立テ、又其自ラ選抜スル所ノ宰相ヲシテ之ヲ執行セシムレバ則チ行政立法ノ権並ニ皆人民ノ共有物ナリ(47)

法律を議論し策定することは、人民によって選出された「代員」によって担われるのであり、決してごく一部の人間によって占められるべきではない。つまり兆民は、人民によって選出される「代員」が法律を策定することを以て、人民自身が法律を作るとみなす。そして、人民自身によって作られた法律を、自らが選んだ宰相に執行させることによって「行政立法ノ権」は人民の共有物となり、「レスピユブリカー」が達成されると考える。ゆえに、兆民流の「レスピユブリカー」(君民共治)、あるいは「自治の国」の基盤に議会を欠くことができず、それは「民約訳解」においても継承される論点であった。一部再掲となるが「民約訳解」の「叙」では、「国会」の存在意義を次のように強調していた。

近時、泰西の諸国、各《おの》おの雄を一方に張る。文物の豊なる、学術の精なる、兵馬の強き、法・英・日・弥利堅北部、最も其の尤《ゆう》なる者なり。而して其の政を為すや、或は君を立て相《しょう》を置き、或は民あい共に治を主《つかさど》る。体制おのおの同じからずと雖も、要するに皆な所謂《いわゆ》る国会なるものを置き、民をして誉望ある者を票選して之を薦《すす》めしむ。租賦律例、海陸軍政より、以て隣国と往復交接するにいたるまで、一《いっ》に衆議に由って決を取る。其の広く民志を通じ、禍乱を未だ萌さざるに防ぐは、豈に亦た人情に因りて裁成せる者か、非か。(48)

フランス・英国・ゲルマンは政治体制がそれぞれ異なるにもかかわらず、なぜ文物、学術、軍事が発達しているのか。兆民が注目するのは、「民志」を通じさせることのできる「国会」という装置が、いずれの国においても共通して設置されている点であった。言うまでもなく、直接民主制を志向するルソーにとって代議制は一般意志の支配を阻害し、人民を代議士の奴隷とさせる忌避される政治制度であった。原著ではなく兆民訳を介して『社会契約論』を理解していた田桐にとっては、「共和」は「代表の争う所の者」である「国会」とともに語られなければならなかった。いずれにせよ田桐はルソーの『社会契約論』と「民約訳解」をただちに結び付け、「自治」という「民約」の要諦と、「共和の原理」を示した兆民の仕事を、ルソーの思想の最たる手引書として高く評価する。「共和の道」が危《き》殆《たい》に瀕しないためにも、「共和」の原理を説く「民約訳解」を学ぶことは、「革命」を完遂するうえでも有意義であった[49]。しかし、そもそも「共和」の語句それ自体を使用することに極めて慎重な姿勢をとっていた兆民は、「民約訳解」において「革命」による「共和」の実現を志向してはいなかった。フランス革命でルソーが果たした役割の反面教師として、あるいはフランス革命という血みどろな歴史的事象の教訓として、議会を基盤とした「君民共治」の可能性を模索していた兆民において、République は「君」を排除しなくとも成立する。以上のように、田桐は確かに兆民の訳業の核心を把握していたことに間違いはない[50]。とはいえ、兆民の République 理解、ないしは「自治の国」の本質が、『共和原理民約論』には収録されなかった巻之二において展開されていたために、「民約訳解」および「君民共治之説」における兆民の理念は、田桐に正確に継承されなかった。

『民約論』（上海泰東図書局、一九一四年七月版）は、原著者名として「法蘭西 戎雅屈盧梭」、訳者名として「日本 中江篤介訳并解」がみられるように、「民約訳解」（『兆民文集』版）の翻刻である。ただし両著の間にも差異は認められる。例えば、先にも挙げた「昔在人之初生也」は、『民約論』（上海泰東図書局）において「在昔人之初生也」のように変更された。これは、『共和原理民約論』での田桐独自の工夫であったことからも、『民約論』（上海泰東図書局）は『共和原理民約論』の転載であったといえる。要するに、東京で刊行された『共和原理民約論』を改題して、本国で出版されたものであった[51]。とはいえ、田桐の姓名、および彼の序文はみられない（袁世凱政権の批判を含意するあのような序文を掲載することはできなかったであろう）。

四．原田潜訳『民約論覆義』からの影響：

「民約論」（『訳書彙編』、一九〇〇年第一、二、四、九期）と『路索民約論』（上海文明書局、一九〇二年一二月版）

「民約論」（『訳書彙編』）は、原著の第二編第十二章 Division des Loix（「法律之区別」）までの部分訳であったとはいえ、中国において第二編までを紹介したはじめての訳書であった。これは、第一編までの兆民訳ではなく、全訳の原田潜『民約論覆義』に依拠することによって為せた業であった。例えば、その冒頭に付された「盧梭小伝」と『民約論覆義』に載る「屢騒略伝」（原漢文）は、若干の差異を除けば、同一の内容である。訳文においても「覆義」が割愛されているとはいえ、後に説明するように、原田訳を漢訳したことは明らかである。しかし、欠陥の多い原田訳を忠実に漢訳したため、「民約論」（『訳書彙編』）もまた原著に悖る内容となった。この点を検討するにあたり、原著のいわゆる全面譲渡の件《くだり》（第一編第六章「民約」）を確認してみよう。まず原田は、ここで原文にない次のような文章を本文に挿入している。

> 且一国ハ即チ会社ナリ、国人ハ悉ク社員ナリ、社員ハ自己ノ財産ヲ挙ケテ、会社ニ投与スルトキハ、会社ハ其資力ニ乏シキコトナク、之カ為メ社員中亦敢テ会社ノ貧窮ヲ怒ルモノナカル可シ。之ニ反シテ自己ノ一二ノ権利ヲ自己ニ私有スルトキハ、資力甚タ乏シクシテ諸多ノ事業ヲ為スニ堪ヘサルニ至ルヘシ。又会社ニ入リテ其結合セル権利ヲ一己人ノ私有ニ属セント欲スル時ハ、社中紛紜ヲ生シ争端ヲ開クニ至ルヘシ。此場合ニ於テハ、予シメ約シテ長ナルモノヲ置キ、理非曲直ヲ審理シ、非ト曲トハ之ヲ遠サケ理ト直トハ之ヲ賞セサルヘカラス。然ラサレハ理非ヲ自カラ審理シテ各々自カラ他人ノ事ヲ合セテ判定セントスルニ至ルヘシ。是レ曚昧無智ノ世、強力者弱脆者ヲ無道ニ使役スルノ流ニ陥ヰリ、会社ノ名アリテ会社ノ実ナキニ至ルヘシ。(52)

原田訳における最大の特徴といっても過言ではないのが、「民約」によって形成される「一国」が「会社」に譬えられ説明される点である。ゆえに原田訳での全面譲渡は、「会社」における「長ナルモノ」が「社員」の「理非曲直ヲ審理」することによって、個人の自由な振る舞いを抑制するものとして表現された。なるほど、ルソーのいう全面譲渡によって形成される共同体では、個が全体に昇華することによってその構成員が何物をも要求しない状態（l'aliénation se faisant sans réserve, l'union est aussi parfaite qu'elle peut l'être, et nul associé n'a plus rien à réclamer）となる。ゆえに、「自己ノ一二ノ権利ヲ自己ニ私有スル」ことが制限されることを表現するにあたり持ち出された「会社」の譬えは、分かりやすいかもしれない。しかし、原田がこの一節に付した、「一国ノ結成ハ会社ノ契約ニ異ナラス。臣民〔Sujets 引用者注〕ハ社員ナリ、君主〔Souverain 引用者注〕ハ社長ナリ。之ヲ統御スルコト豈ニ神ノ禽獣ヲ役スルカ如キコトアランヤ」との「覆義」も合わせて考えるに、彼の理解は完全にルソーの主旨から逸脱する。そもそも、原著のいう「民約」によって形成される「法」を発するSouverain（君主）とその「法」を遵守するSujets（臣民）は、同一の主体によって担われるのであり、決して支配・服従関係に還元されなかった。「主権者の一員として個々人に対して、国家の一員として主権者に対して、約束している」とのルソーの言に従えば、両者は二元的に存するのではなく、一体の関係として把握されなければならない。しかも、「共通の上位者」（supérieur commun）が必要とされなかったにもかかわらず、原田は「君主」（Souverain）に「社長」なる概念を迂闊にも結びつけて、しかもその下で「社員」たる「臣民」（Sujets）が「統御」される関係として捉えるため、ルソーのいう「民約」の本旨は完全に破綻した[53]。むしろこうした支配‐服従関係では、「自然状態」（l'état de nature）に陥り、「民約」は必然的に空虚で専制的なものに堕する（l'association deviendroit nécessairement tyrannique ou vaine）、とルソー本人が述べていたのではなかったか[54]。そして、このような原田訳に依拠していた「民約論」（『訳書彙編』）もまた、自ずと原著からの乖離を免れなかった。「民約論」（『訳書彙編』）は、原田の独創であった「会社」の件《くだり》（第一編第六章「民約」）を次のように漢訳する。

且つ夫れ一国は、猶お会社のごときなり、資を集め設立するものなり、義は公司に同じ〔原注〕。一国の人、猶お社員のごときなり。猶お股東を云うごときなり〔原注〕。社に在るの員は、各おの財産を斂めて、諸れを会社に納め、而る後に以て孑然《けつぜん》として独立し、匱乏《きぼう》の虞《おそれ》無かるべし。諸れを譬うるに一器を焉《ここ》に置くがごとし、一人を以て之を為せば、則ち大有力者と雖も、猶お不給を懼《おそ》る、十人を集め之を為せば、則ち中人の家と雖も、已に裕如《ゆうじょ》たり。此れ天下至庸の理を為す、孩提《がいてい》以上は之を知らざる者無し。然れども既に衆を集めて為り、忽ち一人有り、衆人の権利を以て、攘《はら》いて之を私篋《しきゅう》の中に納れんと欲せば、則ち同社の人、群将 起ちて為に難を為す、此の時においてや、必ず一人を公選し、社事に長たらしむ、凡そ社中の是非は、悉く決を社長に取る、而る後に是なる者は之を直とし、非なる者は之を曲とす、一人の私見も逞するを得ざれば、即ち衆人の利益は以て全うすべし。否らざれば則ち各おの己謀を為し、公理を棄蔑す、至懦に馴るる者は率《おおむ》ね魚肉と為り、黠者は其の貪婪《どんらん》を肆にす、是れ会社の名存すと雖も、会社の実より、已に大いに相い径庭するものなり。[55]

繰り返すように、Pacte Social（民約）を結ぶことによって成立するSouverainは、「一人」の「社長」のような個人を指さない。しかし「民約論」（『訳書彙編』）は、原田訳をそのまま漢訳するため、Souverainに相当する「一人」の「社長」が一切の「私見」なく「社中」の人々の利益を反映しさえすれば、この一人の人間による支配の正当性を容認する。

問題はそれのみに留まらない。同章はもちろん『社会契約論』全体の論旨に大きく関わる、Pacte Social

を結ぶことによって生じる変化は、全面譲渡の論理を理解することができなかった原田において完全に無視された。当該箇所の原文とその原田訳を対照すると次のとおりである。

このようにしてあらゆる人格の結合によって形成される公的人格は、かつては都市国家（Cité）、いまは共和国（République）あるいは政治体（Corps politique）という名称をとり、その構成員によって、政治体が受動的に法に従うときは国家（Etat）、能動的に法をつくるときは主権者（Souverain）と呼ばれ、それを他の同じ公的人格と比べるときは、国際法のうえで国（Puissance）と呼ばれる。構成員についてみると、集合的には人民（Peuple）という名称をとり、主権に参加するものとしては個別的に市民（Citoyens）、国法に従うものとしては臣民（Sujets）と呼ばれる。しかし、これらの名称はしばしば混同され、互いに取り違えられている。それがきわめて正確に使い分けられるとき、区別することができればよい。

(Cette personne publique qui se forme ainsi par l'union de toutes les autres prenoit autrefois le nom de *Cité*,et prend maintenant celui de *République* ou de *corps politique*, lequel est appellé par ses membres *Etat* quand il est passif, *Souverain* quand il est actif, *Puissance* en le comparant à ses semblables. A l'égard des associés, ils prennent collectivement le nom de *peuple*, et s'appellent en particulier *Citoyens* comme participans à l'autorité souveraine, et *Sujets* comme soumis aux loix de l'Etat. Mais ces termes se confondent souvent et se prennent l'un pour l'autre; il suffit de les savoir distinguer quand ils sont employés dans toute leur précision.)[56]

而シテ此社員、共同ノ身体ハ往古之ヲ称シテ「シテー」ト云フ、「シテー」トハ国会ノ議《ママ》ナリ、当時共和会或ハ政治会ト云ヒ、亦タ活動セサルトキハ単ニ国家ト称シ、他種ト勢ヲ比較スル時ハ国ト称ス、社員、人民、国人、臣民等ノ名称ハ各人合同一致中ノモノヲ指シテ其用方ニ従ヒ名ヲ差別スルナリ(57)

「君主」(Souverain)にあたる「社長」が、「臣民」(Sujets)にあたる「社員」を支配するかのように理解する原田において、ルソーの原文を理解することは困難を極めたに違いない。その証拠に、Souverain をはじめ Peuple(人民)、Citoyens(国人)、Sujets(臣民)の訳語がわずかにみられるだけであり、それらを定義する試みは完全に放棄された。「民約論」(『訳書彙編』)では、この原田の杜撰《ずさん》な訳文は割愛されて、その代わりに「民約」を結ぶ意義を改めて強調する次のような文章が挿入されている。

会社の衆人を集めて富を為し、一国の衆人を合して群を為すは、皆な契約に基づけばなり。其れ既に集し既に合しての後に迨《いた》れば、則ち一夫の得失は、全体の痛痒と相い関するに即《したが》う、故に起居食息の安楽を享くるを得るは、悉く全体の賜る所に出ず、其の功は契約に原《もと》づく。然らば則ち契約の人に益を有するは、其の功顧みるに偉ならざるや。(58)

第六章(ただし原田流の「民約」)の内容を総括するように、「一国」において「群」を為すのは、「会社」において「衆人」を合して「富」を為すのと同様に、「契約」(民約)に基づくためである。それゆえ、個人の「得失」「痛痒」は全体と相関することが改めて説明されている。「契約」を結ぶことで皆と「起居食息の安楽」を共有するため、こうした営為は人々に多大な益を齎《もたら》すことができる。「契約」によって個が全体となり、そこから生じる益については強調される一方で、もともとの原田訳が適切に訳出しなかった以上、Peuple、Citoyens、Sujets が具体的にどのような役割を担うのかについては、ついに触れられることがなかった。

このような原著との乖離は、『路索民約論』（上海文明書局、一九〇二年一二月版）においても確認することができる。『路索民約論』は、江蘇呉県の人で早稲田大学の留学生でもあった楊廷棟《ようていとう》による全訳である。ここにおいて、中国史上はじめて『社会契約論』の全部が紹介された。楊は、その冒頭に付した「初刻民約論記」で、「初刻」である自身の訳業を高らかに自賛していた。その全文を読み下せば次の通りである。

> 民約の説、泰西の児童走卒も、其の庥を蒙けずして其の徳を嘔うものなし、亜東の国は、則ち倏乎として未だ之れ聞かざるなり。日本明治初年、亦た嘗て訳の公世に行う、第《ただ》し之れを行うも広がらず、今まで其の古本を索むるも亦た、僅かのみ。若し夫れ漢土の人士、則ち尤も瞠乎として之れを解することなければ、良《まこと》に悲しむべきかな。歳は庚子、嘗て稍稍、訳書彙編の中において見るも、既に改良の議、且つ民智を疏浚するを謂うことあるも、寧ろ之を卑しみ甚だ高きとする論なく、遂に此の書を輟め、復た続けて刻さず。嗚呼、天の民約論を吾が中国において斬すること、何ぞ其の酷なることや。訳者又た

卒卒として暇鮮く、終に其の業を終えること能わず、海内望者に負《そむ》くも亦た甚だ久しからん。今ま力を弁せて之を営み、書始めて成る、従って此の茫茫たる大陸に、民約東来す。吾れ想うに其の書を読みて楽しむ者之あらん、惧れる者之あらん、痛哭する者之あらん、笑う者之あらん、歓欣歌舞する者も又た之あらん、醜詆痛詈する者も又た之あらん、吾れ唯だ其の後を観て其の比例の率を綜べて、吾が中国の旋転の機を覘わん、斯を以て已むのみ。論旨如何なるとも、則ち天下万世、自ずから没すべからずの公論在るあり。[59]

「民約の説」は、西洋では「児童走卒」であっても知るところであるにもかかわらず、アジア諸国でこれを聞くことができていない。明治日本においては既にいくつかの『社会契約論』が刊行されたとはいえ、中国では流行することなく、「古本」を求めても手に取れない状態が続いてきた。我々「漢土の人」が、『社会契約論』に触れることができないのは実に残念である、と楊は嘆く。たしかに、中国においても『社会契約論』は、「訳書彙編の中において見る」ことができたとはいえ、その内容は人びとを軽んじるものであり、大したものではなかった。「訳書彙編」版が部分訳であったことをはじめ、楊は中国において『社会契約論』が完全なかたちで紹介されていない現状を指摘したうえで、この度、待望の全訳という偉業をようやく達成することができた自身の仕事を誇る。ただし、楊は「民約論」（『訳書彙編』）の内容を批判していたとはいえ、狭間直樹が既に指摘しているように、その実は同書の内容をほとんど踏襲しているに過ぎなかった。[60] 結局のところ、楊もまたフランス語の原著を確認することなく、原田の『民約論覆義』に依拠していた（それゆえ全訳することができた）。事実、先に挙げた第一編第六章「民約」の、原著にはみられなかった「会社」の譬えを楊は一切の変更を加えることなくそのまま継承している[61]。そして皮肉にも、原田の独創であったこの「一国＝会社」論は、楊訳を介して中国において『社会契約論』を理解するにあたり流布した[62]。例えば陳天華『獅子吼』は、「盧騒《ルソー》の民約論」でいわれる人民の「合併」によって形成される「国家」とは、あたかも「公司」や「股東」のようなものあるから、「司事」が不正を犯せば責任者としてその罰を免れることはできない、と述べる[63]。あるいは、『社会契約論』に感化され、中国思想から「民約」の観念の抽出を試みた清末の革命家・劉《りゅう》師培《しばい》（一八八四－一九一九）の『中国民約精義』は、楊訳（第一第六章）を引きながら、「国家」とは国人の財産を集めて形成され、「君主」とは国人の財産を保持する者であると、『社会契約論』の論旨を「国家社会説」と捉え整理する[64]。楊訳の影響を受けていた劉師培においてもルソーの政治思想は、「君主」と「人民」との主従関係に還元され理解されるのであった[65]。

一方で、同じく原田訳に依拠していた「民約論」（『訳書彙編』）と楊訳との違いとしては、ルソーが原著で「主権者の一員として個々人に対して、国家の一員として主権者に対して」、二重の関係で各個人が約束していることを強調していた第一編第七章の冒頭の訳出を挙げることができる[66]。当該箇所の「民約論」（『訳書彙編』）と楊訳はそれぞれ左記のとおりである。

【民約論（『訳書彙編』）】

民約に至れば則ち社会人民は、互いに相い締結の約を為す。夫れ既に社会を以て人民の全体を為せば、則ち人民は必ず社会の一股と為す、而して結ぶ所の契約も、亦た己と己との約に殊なること無きなり。故に人民の社会におけるや、固より尽く之に責めざるべからざること有り、而して人民の君主におけるも亦た、尽く之に責めざるべからざること有らん。請う得て之を弁ずるを明らかにせん。[67]

【路索民約論】

民約に至れば則ち通国人民は、互いに相い締結の約を為す。夫れ既に国家を以て人民の全体を為せば、則ち人民は必ず国家の一股と為す、而して結ぶ所の契約も、亦た己と己との約に殊なること無きなり。故に人民の国家におけるや、固より尽く之に責めざるべからざること有り、而して人民の君主におけるも亦た、尽く之に責めざるべからざること有らん。請う得て之を弁ずるを明らかにせん。[68]

固より原田訳は、「社長」（「君主」）に対する「社員」（「臣民」）の服従を説く内容であったため、「民約論」（『訳書彙編』）もまた、「人民」が「社会」に対して義務を負うように、「人民」が「君主」に対して義務を果たすべきであるという。『路索民約論』の場合はさらに甚だしいことに、右記の「社会」が「国家」にとってかわることによって、「ほとんど君主主権論を説く」ものに変容した。[69] その序文で「民約」の意義をあれほど強調しておきながらも、結局のところ楊は Pacte Social の本質を完全に誤解していたことが、この一節からでも明らかであろう。

ちなみに、『民約訳解』において兆民は、当該箇所（第一編第七章）を逐語訳するのではなく、原著の論旨を変更せずにこれまでの議論を要約するかのように訳出していた。すなわち、「民約」とは「君と臣と交《こも》ごも盟《ちか》って成す所」であるが、ここでいう「君」は「衆人相い合せるもの」であるから、「君と臣と交ごも盟うと云うと雖も、実は人々躬《み》みずからと盟う」ことを意味する。兆民は、原田が躓《つまず》いていたSouverainを「君」と訳しつつも、「衆人相い倚りて一体を為す」ものの謂いとして繰り返し強調する。そのうえで「将に議して令を発せんとすれば、即ち君なり。別に尊を置きて之を奉ずるに非ず」と敷衍するように、その観念を説明するにあたり細心の注意を払っていた。(70)

五．日本の訳書に拠らない独自の翻訳：「盧梭民約論」（『大同周報』、一九一三年第一、二期）と『足本盧梭民約論』（上海中華書局、一九一八年二月版）

「政法之原理」の副題を有する「盧梭民約論」は、『大同周報』（第一、二期）に掲載された。「目次」を瞥見すれば、全訳の予定であったと考えられるが、同雑誌の廃刊（原因は不明）に伴い、「第一巻」の第一章（LIVRE PREMIER CHAPITRE PREMIER）に至ることなく途絶した。訳者は蘭士《らんし》なる人物であり、その冒頭には次のような「訳叙」が付されている。(71)

> 嗚呼、『礼運』の謂う所の大同の郅治は、其れ果たして今の世に見るを得べきか。其れ或は今の世に見るを得ざれば、終に後の世に見るを得べきか。吾れ得て之を知らざるなり。若し今の見得る所にして世人の信じる所の政体のうち比較して最も優と為す者は、則ち共和是れなり。夫れ共和の政たる、固より

政治の極軌に非ざるなり。然れども『礼運』の謂う所の大同なる者は、既に未だ今日に見るに及ばず、則ち共和の軌に循いて、漸く大同の域に達し、或は進化公例の許す所と為すのみ。吾が国、数千年の専制の古邦を以て、一旦独夫の命を革め、共和の政を施し、君主の毒を除き、而して民権の幟を張る、是においてか士夫は額手称慶し、奔走して相い告げて曰く、民国成立す、共和告成す、と。而して共和先進の邦、方て盗かに其の側らに笑うに、竟に彼の都の共和若し成ることあれば、則ち共和復た価値あるの譃ならざるや（法報を見よ）。噫嘻、是の言を為す者は、其れ我を睥睨《へいげい》するか。其れ我に忠告するか。吾国の民は以て自反する所を知るべきかな。

『民約論』一書は、法儒盧騒《ママ》の畢生精力の寄る所にして、法国大革命の利器を構成するものなり。考うるに、法国十八世紀の末に丁《あ》たり、暴主迭興、黎民塗炭す、盧騒の民約論出でてより、民気大いに伸び、遂に王政を覆して共和を建つ、法国『権利宣言書』および憲法の制定は、奉じて圭臬《けいげつ》と為さざることなし、則ち是の書の功、信《まこと》に浅からざるなり。後の学者は、盧氏の学説において疑を致す所多しと雖も、然れども今の統治権の国民に在りと言う者は、猶お之を宗とせざることなし。蓋し其の理は固より以て千古を歴ても湮《ほろ》びず、万劫に遭しても磨さざるに足る。民約の論、民権の説、今日の事実を以て言えば、或は未だ円満ならざるの憾みあり、而して其の理論の正宗、共和の真締たるは、則ち一二の陳迹を執りて以て相い難ずべきに非ざる者なり。区区数千年の歴史、又た烏んぞ以て此の宏広無涯の学理を概するに足るや。之を要するに、民約の主旨は、全国の人をして悉く諸れを契約範囲に納むるのうちに在り（即ち所謂るMoicommun《ママ》の意なり）、而して公意を以て政治、法律の基礎を為す、復た一己の争、私利の攘あること無し、此れ正に天下為公の箇意にして、大同極軌の萌芽なり。吾国の数千年の専制を歴て、一躍して共和に儕す、初めより盧氏民約の理深く人心に入ることあるに非ず、徒だ民族の感情を以て其の間に激動するのみ、益するに清室の昏乱、列強の侵迫を以て、黎民故を厭きて新を悦ぶ、革命の業因りて以て成り易し。然れども民権の根本は未だ堅からざれば、共和の基礎焉んぞ固からん。則ち斯論の訳、豈に已むを得んや。[72]

記者は、儒学で理想とされる「大同」に比肩させながら、「共和」を最も優れた政体とみなし、かつこれに到達することができると考える。そもそも「大同」とは、賓客として招かれた孔子がその帰りに嘆息しながら弟子の子游《しゆう》に語った理想世界を謂う。右記で言及される『礼記』（礼運篇）には、次のようにあった。

言偃《げんえん》〔子游を指す〕、側《かたわら》に在りて、曰く、君子何をか嘆ずる、と。孔子曰く、大道の行われしと、三代の英とは、丘《きゅう》未だ之に逮《およ》ばざるなり。而も志有り。大道の行われしや、天下を公と為し、賢を選び能に与《くみ》し、信を講じ睦を脩《おさ》む。故に人、独り其の親を親とせず、独り其の子を子とせず、老をして終る所有り、壮をして用うる所有り、幼をして長ずる所有り、矜寡《かんか》孤独廃疾の者をして皆養う所有らしむ。男は分有り、女は帰有り。貨は其の地に棄てらるるを悪《にく》めども、必ずしも己に蔵《おさ》めず。力は其の身より出さざるを悪めども、必ずしも己の為にせず。是の故に謀《はかりごと》は閉じて興らず、盗竊《とうせつ》乱賊而《しか》も作《おこ》らず。故に外戸《がいこ》閉じず。是を大同と謂う。[73]

人々が戸締りをする必要のない平穏で平和な世界である「大同」では、「天下が公共全体の物とみなされ、人類が大きく合同して一世界をなしている状態」が達成されている。[74] つまり『礼記』のいう「大同」とは、利己的でなく、公正であること、さらには道義的な世界のことであった。[75]「訳叙」は、「大同なる者は、既に未だ今日に見るに及ばず、則ち共和の軌に循いて、漸く大同の域に達し、或は進化公例の許す所と為すのみ」と喝破するように、儒教の理想的世界である「大同」を『社会契約論』で展開された「共和」に投影することで、その実現可能性を説く。そもそも中国では「数千年」にわたる「専制の古邦」が続いてきたが、「一旦独夫の命を革め、共和の政を施し、君主の毒を除き、而して民権の幟を張る」に至った。ただし「共和先進の邦」であるフランスは、我が中国の「共和」のことを何かの冗談（「譃」）であると嘲笑し、否定的に眺めていることを指摘する。そのため中国において「共和」の不完全さを自覚し、この点を反省するにあたっても『社会契約論』を訳出し紹介することには意義がある。そもそも一八世紀末のフランスで民衆を塗炭の苦しみに陥らせていた「王政」を打倒し「共和」の設立を果たしたフランス革命の根本には、ルソーの『社会契約論』があった。そしてフランス人権宣言や憲法を制定するにあたっても、同書の影響力は決して小さいものではなかった。「後の学者」においてルソーの学説に疑を呈する者が多いと雖も、現在、主権が国民に存すると主張する者は、依然としてその根拠を『社会契約論』に求めている。『社会契約論』は、「固より以て千古を歴ても湮《ほろ》びず、万劫に遭しても磨さざるに足る」として、永久に不滅で、今日においても普遍的で妥当する。記者がおもうに、「民約の主旨」とは、「全国の人をして悉く諸れを契約範囲に納むる」ところにあった[76]。かくして、「公意を以て政治、法律の基礎を為す、復た一己の争、私利の攘あること無し」という社会状態に至ると考えられる。こうした状態こそ、「天下為公」であり、「大同極軌の萌芽」に他ならなかった。ところで、中国ではこれまで「数千年の専制」を経験してきたが、この度の辛亥革命によって一躍にして「共和」の仲間入りを果たすことができたとはいえ、いままで「盧氏民約の理」が深く人心に入り込むことはなかった。「清室の昏乱、列強の侵迫」が切実な課題となり、「黎民故を厭きて新を悦ぶ」状態にあった清王朝末期には、なるほど「革命の業」を容易に行う環境が整っていたのかもしれない。しかしそれでもなお、依然として「民権の根本」や「共和の基礎」は堅固な状態ではない。このように、この記者もまた、「革命」によって達成されたかのようにみえた「共和」が、実は未だ完全な状態ではないことを前提に、真正の「共和」を学ぶにあたって『社会契約論』を会得することが必要不可欠であるとの認識を抱いていた。

なおここで展開される「大同」観念は、康有為のそれと類似する。同時期に公開された『大同書』において康有為は、「大同」を「至平なり、至公なり、至仁なり、治の至なり。善道ありと雖も、以てこれに加うるなし」と定義し[77]、具体的に次のようにいう。

兵を弭めて国を去り、天下を一となし、大地の大同するを欲するは、豈に仁人の想を結ぶの虚願にあらずや。然れども今の勢を観るに、国の義は驟《にわか》には去る能わず、兵争は遽かに弭む能わずと雖も、公理を以てこれを言い、人心もてこれを観れば、大勢の趨く所、将来の至る所は、必ず大同に訖りて而る後已む者あらん。但だ需《ま》つに年歳を以てし、行くに曲折を以てするのみ。孔子の太平世、仏の蓮華世界、

列士の甑瓶《たんへい》〔甀〕の山、達爾文《ダーウィン》〔トマス・モアの間違いか〕の烏託邦《ユートピア》は、実境にして空想にあらず。(78)

理想的な「大同」においては、戦争がなく平和で国すらもない状態として想起されている。現実問題として、すぐには国家や戦争をなくすことはできないが、人心に基づきさえすれば年月は要するけれども、必ず「大同」に到達することが可能である。こうした康有為の「大同」観念は、『礼記』で説かれていたそれと一致しない。というのも、『礼記』のいう「大同」も理想的世界としてイメージされていたとはいえ、ここに回帰することができないと考えられていた。つまり「大同の世はすでに現在とは断絶したものとして、単なるユートピアとしてしかえがかれていない」のであり、「必ず大同に訖りて而る後已む」と考える康有為の主張とは明らかに異なる。(79)「盧梭民約論」における「訳叙」の記者も、康有為と同様の「大同」観念に「共和」を結びつけることによって、「共和」が必ずこの世において将来実現されるべきものとして把握する。そのためにも、まず「民権の根本」を強固にし、「共和の基礎」を確立させなければならないというのが、記者なりの『社会契約論』理解であった。

最後に、冒頭部分の僅かな訳出から察するに、蘭士訳が明治日本で刊行された『民約訳解』と『民約論覆義』、を一切参照していないことは明らかである。

蘭士の訳本は、日本で刊行された翻訳書に一切依拠していなかったとはいえ、結局ほとんど訳出されずに途絶した。中国において、原著に拠り全部が訳出されるのは、馬君武《ばくんぶ》による『足本盧梭民約論』（上海中華書局、一九一八年二月）までまたなければならなかった。馬は、早くから『社会契約論』に触れており、その内容の一端を『民報』第二号（一九〇六年五月）に掲載された「帝民説」において紹介していた。彼は「帝民」という言葉をSouverain-Peopleの訳語として造語し、ルソーが詳しく論じたものとして次のようにいう。

個人は、帝権の一部分なり：帝権は、国家の一部分なり（Comme membre du Souverain envers les particuliers, et comme membre de l'etat envers le souverain）。又た曰く：帝権は一私人に非ずして、通国中の個人を以て之を組成す（Le souverain, n'étant formé que des particuliers qui le composent）[80]。

「帝権」と訳されるSouverainは、「国家の一部分」とはいえ決して一人の人間を指すのではなく、「個人」の集まりから構成される概念として把握される。原田や楊廷棟によって、「社長」の如きものとして理解されていたSouverainは、馬によって原著の主旨に適うように明快に解説されている[81]。それゆえ彼は、これまでの「訳者は固より盧氏の謂う所を知らず、読者も亦た訳者の謂う所を知らざるなり」として、中国では誰もルソーの思想を十分に理解できていないと言うことさえできた。そして、こうした嘆きは彼の訳本『足本盧梭民約論』の「序」においても反映される。その全文を書き下せば次のとおりである。

盧騒『民約論』共に四巻、一八九八年、上海同文訳書局は日本中江篤介漢訳第一巻を刻し、『民約通義』と名づく。一九〇二年、楊廷棟は日訳に拠り四巻を成す。日訳已に錯誤多し、楊訳更に訛謬し読むこと能わず。二年前、泰東書局は中江漢訳第一巻を復刻す。故に『民約論』の書名、中国に出現すること十余年、其の真の書は竟に今に至りて見得るべからず、訳事の難きこと是の如きかな。予、北京に居りしの暇、法文原著と英文H・J・Tozer訳本の互いに証するを以て、訳いま完本を成す、共に費やすこと八十日。盧騒の学説、近世、人の攻撃を受くること多し。其れ代表政治に反対し、国教を主張し、羅馬を崇拝の過ぐること甚だし、乃ち独裁制を主張するに至りて、尤も近世政治の原則と相い反すればなり。然れども主権在民の原理、推闡尽致《すいせんじんち》する者は惟れ盧騒なり。故に其の書は法蘭西革命の最大の原動力と為り、二百年を歴ても廃れず、永く世界大名著の一と為し、各国皆な訳本を有す。予、曾て発願するに尽く世界名著を中国に訳さんことを。『物種由来』『自由原理』『社会学原理』の後、此れ其の第四種なり。(82)

馬は全訳であった楊の『路索民約論』を、間違いの多い原田訳に依拠していたため、読むに堪えない訳書とみなす。(83) 実際に『足本盧騒民約論』には、かえって逆効果となってしまった原田の独創で、楊が継承していた第一編第六章における「会社」の譬えは無論、みられない。また、馬にとって兆民の『民約訳解』もまた決して満足できる訳書ではなかった。既に『民約訳解』の復刻が出版されていたとはいえ、あくまでも「第一巻」のみの紹介であったため、中国において「民約論」の名が登場して久しいけれども「真の書」は現在に至るまで登場することはなかった。したがって、日本で刊行された訳書に一切拠らずに完訳させた自身の訳書は「足本」(完全版)の名に相応しい。これまでの中国における『社会契約論』の訳者とは異なり、自身のフランス語能力を以て、さらには英訳版も対照することで、ようやく中国に「完本」をもたらすことに成功した。[84] 続けて馬は『社会契約論』のエッセンスとして、「代表政治」への反対、[85]「国教」の強調、「羅馬」の過度な崇拝、そして「独裁制」の主張を挙げる。最後の「独裁制」について、なるほどルソーは決して独裁を煽っていたわけではなかった。事実、「法」（一般意志）による支配のみが最も正当であるとみなすルソーは、第四編第六章「独裁について」(De la Dictature) において、「政治制度を確固たるものとしようとして、制度のもたらす効果を停止する権限まで失ってはならない」と注意していた。ただし、「公共秩序を改変する危険に匹敵し得るのは、最大限の危険のみであるから、もっぱら祖国の安否にかかわるような事態でない限り、決して法律の神聖な力を停止してはならない」と国家存亡の危機に際しては、「法律」を停止して独裁という手段を講じてもよい、と述べていた。言い換えると、「法という道具立てが、危険を防ぐ障害となるような場合には、すべての法律を沈黙させ、主権を一時停止するような一人の最高指導者を任命する」こともやむを得ない。[86] 馬もこの点を理解していたことは、次の訳文をみれば明らかであろう。すなわち「政治制度の固定に過ぐべからざることを以て其の効力の権を停止すること無きを致す」(Il ne faut donc pas vouloir affermir les institutions politiques jusqu'à s'ôter le pouvoir d'en suspendre l'effet)。そのため「大なる危険に遭うに非ざれば、公共の秩序を改変すべからず。国家の安寧と大いに関係すること有るに非ざれば、法律の神聖権に干渉すべからず」(il n'y a que les plus grands dangers qui puissent balancer celui d'altérer l'ordre public, et l'on ne doit jamais arrêter le pouvoir sacré des loix que quand il s'agit du salut de la patrie)。ただし、「若し危険極大に遇い、法律の常式進行に依るに、尚お碍、公共の安寧に有れば、則ち当に一最高首長を指名すべし、此の人、法律を停止し、短時間に及び主権体の権を停止することを有り」（Que si le péril est tel que l'appareil des loix soit un obstacle à s'en garantir, alors l'on nomme un chef suprême qui fasse taire toutes les loix et suspende un moment l'autorité souveraine）[87]。ルソーが「人の攻撃を受くること」が多い理由として、「独裁制」の主張をはじめ「近世政治の原則」に悖る点が列挙される背景には、馬によるこうした的確な『社会契約論』理解があった。そのうえで、「主権在民の原理」を徹底的に押し広げたのは他ならぬルソーその人であった、と喝破することができた。そして馬もまた、これまでの訳者の例に漏れず『社会契約論』がフランス革命の最大の原動力であるとみなしたうえで、「二百年」を経ても廃れない、現在においてもなお妥当する理論を提供する書であるという。それゆえ『社会契約論』は「世界的名著」の一つに数えるに値する書物であり、中国において完全なかたち（「足本」）で紹介されなければならなかった。

本補論では、清末民初の中国において出回った『社会契約論』の序文に注目することによって、これらが刊行された経緯を当時の時代状況に応じつつ確認した。最後に、改めて本補論の内容をまとめ、そこから抽出された諸問題を指摘する。

清末において『社会契約論』は、兆民によって漢文で書かれた『民約訳解』を介してはじめてもたらされた。儒学に基づいた自由な翻訳によって『社会契約論』を換骨奪胎していた『民約訳解』に応じるように、儒学の素養をもつ清末知識人にとってルソーの『社会契約論』は孔子や孟子のいう民本思想の系譜に位置づけられる思想として理解された。

辛亥革命期に至って『民約訳解』は、『社会契約論』がフランス革命で果たした役割と同様に、「専制」を打倒し「共和」を実現する手段として、すなわち「革命」を説く書物として把握された。たしかに清朝は打倒されたとはいえ、その後の袁世凱の台頭は革命派たちを納得させる結果ではなかった。失意のうちに日本へ亡命したなかの一人、田桐は、「革命」を完遂させるためにもルソーの思想を改めて学び直す必要性を説き、その期待を託するに明治日本で刊行された諸訳から兆民訳を抜擢し、『共和原理民約論』と題し重刊するのであった。

儒学の文脈でルソーを受容していた『民約訳解』は、何より漢文で書かれていたことも相俟って、中国の知識人にとって親切な書物であったことに間違いはない。清末民初で刊行された『社会契約論』の多くが、『民約訳解』に負っていたのはその証左に他ならない。ただし、兆民訳（単行本あるいは『兆民文集』）で読み得たのは、巻之一（第一編第九章）に留まっていた。それゆえ、全部を通読するにあたって原田訳『民約論覆義』は都合のよい訳書であった。しかし、誤訳の多い同書を無批判に漢訳したことによって、原田の間違いがそのまま知らず知らずのうちに継承される事態に至った。特に「民約」によって形成される「国家」をあたかも「会社」の如く描く原田の独特な表現は、「君主」（Souverain）と「臣民」（Sujets）を「社長」と「社員」として二元的な関係に還元しなおし、前者による後者の支配を正当化する内容に化した。しかし、原著の乖離に拍車をかけるこうした譬えは、当時の中国知識人にとって『社会契約論』を理解するにあたり親しまれた。

一九一三年には、日本で刊行された訳書に一切拠らずして翻訳を試みた蘭士による訳本も登場したが、冒頭部分を少し訳出したのみで頓挫した。しかしその冒頭に付された「訳叙」は、思想史的に意義のある内容であった。この序文の記者は、ルソーの説く「共和」を『礼記』のいう「大同」に匹敵させ、その実現可能性を強調していた。ただしここでの「大同」観念は『礼記』に因《ちな》むといえども、康有為が『大同書』で展開させた「進化」の結果行き着く最終極致としての「大同」という発想と親近的であった。いずれにせよ、この序文の記者は、ルソーの説く「共和」を儒学のいう「大同」に重ね合わせることで、あらゆる政治体の極致であると評価するのであった。ここにおいて、「公意」（一般意志）を政治、法律の基礎とすることによって「一己」「私利」は浄化され、「天下為公」が達成されるとみなされた。

馬君武による全訳が刊行されるは五・四運動直前の一九一八年のことであった。フランス語に堪能であった馬は、日本で刊行された訳書に依拠していた従来までの『社会契約論』が、「訛謬」の多い訳書であると批判し、「真の書」を中国にもたらすことに成功した全訳という仕事を誇っていた。事実、馬は難解な原著をよく読解し、しかも明治日本の『社会契約論』を参照しなかったことによって、忠実な訳書を完成させた。

以上のように中国においてルソーの『社会契約論』は、専制的な清王朝を打倒するために、あるいは辛亥革命（特に、いわゆる第二革命）の後に、「革命」を完遂させるという観点から把握される傾向があった。言い換えると、同書は、『社会契約論』がフランス革命で果たした役割の類推から中国で革命を実現、成功させるために、読まれなければならない書物として位置付けられた。(88) 一方で明治日本の翻訳者たち（兆民、原田）はいずれも、『社会契約論』の主題を「革命」と捉えることはなく、「民志」（「世道人心」）の貴重如何を論点とする書物とみなし、この点を高く評価していた。[89] したがって、両者の訳業の伝播は、結果的に、「革命」を強調しなかった彼らの訳出の本意とは異なるかたちで受容された。特に兆民の場合は、「共和」の語句を避け、「君」と「民」との「共治」（すなわち、「君民共治」）を志向していた。『民約訳解』においてルソーと「革命」との関係にあえて言及していなかったこと、何より惨禍をもたらす事件として「革命」を否定的に捉えていた兆民の思想は、[90] しかしながら清末民初の知識人によって「革命」の書物として「誤読」された。兆民が回避していた「革命」の問題は、中国では『民約訳解』を介することによって、かえってクローズアップされるに至るのであった。中国での『民約訳解』の受容の諸相に鑑みると兆民は、名は「東洋のルソー」なのかもしれないが、実は「東洋のルソー」では、やはりあり得ない。

あとがき

本書は、二〇二四年三月に著者が関西学院大学大学院法学研究科に提出した同題の博士論文に、新たに補論を追加し大幅な加筆修正を施したものである。各章の初出は以下の通りである（なお第五章のもとになる論稿は、博士学位請求論文を提出した時点では書下ろしであったが、学位論文として認定された後に、加筆修正のうえ掲載された）。

【第一章】「儒学者兆民序説：『民約訳解』における「義与利果不可得合邪」を中心に」（『法と政治』七〇巻四号、二〇二〇年）
【第二章】「中江兆民『民約訳解』における「君」と「臣」：ルソー『社会契約論』（*Du Contrat Social*）と儒学思想との交錯」（『法と政治』七一巻一号、二〇二〇年）
【第三章】「中江兆民とJ・S・ミル：「東洋のルソー」における『自由論』（*On Liberty*）の思想的意義」（『日本儒教学会報』七号、二〇二三年）
【第四章】「中江兆民はなぜ『民約訳解』を漢文で書いたのか？：西周『利学』との比較の視点から」（『法と政治』七三巻二号、二〇二二年）

【第五章】「中江兆民における立法者（Législateur）の行方：「民」への認識の変遷に注目して」（『法と政治』七五巻二号、二〇二四年）

【補論】「中国の『民約論』：清末民初における「ルソー」」（『法と政治』七四巻一号、二〇二三年）

博士論文の審査の任を担ってくださったのは、高島千代先生（主査）、冨田宏治先生（副査）、下川玲子先生（副査）であり、審査の場では大変貴重なご指摘をいただいた。本書の刊行にあたり、まずは博士論文の内容をより良い方向に導いてくださった三人の先生方に御礼を申し上げる。また、本書が成るにあたっては、数多くの方々からのご支援をいただいた。この場をお借りして、これまでお世話になった方々に謝辞を申し上げたい。

冨田宏治先生に。冨田先生は、大学院を通じて著者の指導教員を務めてくださった。そもそも、著者が日本政治思想史という学問に興味を抱くきっかけとなったのは、冨田先生の学部での授業「日本政治思想史」と「政治思想史」によってであった。ただし、この授業との出会いは、全くの偶然による意図せざるものであった。

かつての火曜日における著者の時間割には、一限目と四限目に授業が入ることになっていた。しかし、これではインターバルが長すぎるし、それゆえ一限目が終わると帰宅しかねない。時間割表を漫然と眺めていると、二限目に何だか面白そうな科目が開講されているのを見つけた。その授業名を「日本政治思想史」という。つまり、怠惰な著者が早退するのを回避させるために、無理やりに時間割表に押し込んだのが（失礼！）、この授業であった。しかし、この履修登録が著者の運命を大きく変えることになった。ここで扱われた『古事記』と『日本書紀』の内容の異同、さらには日本における仏教の変容など、蒙が啓かれるような内容ばかりで、著者はいつしか冨田先生の「ファン」になっていた。引き続き、将来の研究対象となる中江兆民が登場する「政治思想史」を履修し、いよいよ日本政治思想史という学問にのめり込んでいった。必ず授業の後にふらりと現れる一介の「ファン」が発する不躾な質問に、ご多忙であったにもかかわらず、先生はいつも快く応じてくださった。ここで交わされた先生とのやりとりは誠に贅沢な時間であり、ついには冨田先生の下で日本政治思想史を研究したいという気持ちになっていた。

なぜ中江兆民に魅力を感じたのか、正直自分でもよく分からない。特段、何らかの問題意識を有していたがゆえに兆民に惹かれたわけでもない。ただ、「兆民が『社会契約論』を漢文で翻訳していた」という点について、妙に気にはなっていた。当時の学部生にとって、フランス語を漢文に翻訳した兆民が、面白く映っていたのであろう。ある意味で、兆民という人間に「一目ぼれ」していたのかもしれない。既に日本政治思想史を専攻する志を抱いていた著者は、それゆえ大学院では『民約訳解』を研究対象とすることに決めた。噛めば噛むほど味が出る食べ物のように、実際に兆民も調べれば調べるほど面白い人物であることが分かってきた。しばらくの間、兆民と「交際」するのも悪くはない。しかし、この複雑怪奇な人物を扱うにあたり四苦八苦し、時には「破局」が頭によぎったこともあったが、それでもやはり兆民と『民約訳解』を研究することは意義があるのだと信じてやまなかった。実際に、兆民を研究していると、いつもささやかな「発見」があり、それを見出すことに喜びを感じていた。糠喜びに終わるような「発見」もしばしばあったけれども、兆民研究にひたすら没頭することができた大学院での研究生活は誠に楽しかった。遅ればせながら、本書を以て冨田先生のあの時の授業の「最終レポート」としたい。

「田中君は筆が早ぃ」。誉め言葉として都合よく解釈していた指導中によく聞かれたこの言葉は、多分、もう少し吟味を経たうえで執筆にとりかかりなさいという冨田先生なりの忠告だったのかもしれない。こうした戒めを尽く無視するような原稿であったにもかかわらず、いつも丁寧に軌道修正を施してくださった。時はコロナ禍、しかもその最中で冨田先生は副学長を務められており激務のなかにあったにもかかわらずである。依然として忠告を無視し続けている不肖の弟子ではあるが、曲がりなりにも研究者としてあることができているならば、それは学問の厳しさと楽しさを教えてくださった冨田先生のお陰である。本書は「最終レポート」たり得るかもしれないが、これによってこれまでの学恩に報いることができているのかは心もとない。否、むしろこのような一回限りの営みによってではなく、今後も学界に貢献し続けることが冨田先生への「恩返し」になると考えている。

高島千代先生に。大学院入学以来からの副指導教員であり、博士論文審査に際しては主査の任を担っていただいた（関西学院大学法学研究科では、副指導教員が主査を務めることになっている）。大学院では、中村正直（訳）『自由之理』や松島剛（訳）『社会平権論』を主として、明治の文献を精読する授業を著者のために設けてくださった。「それ、どういう意味ですか？」という授業中に必ず発せられる高島先生の質問に備えるための予習は、実に大変であった（それでも回答には窮する）。とはいえ、読めない漢字とその意味を調べること、あるいは文章を逐一現代語訳し把握するという地道ではあるが当然にして行うべきこうした作業は、全く不慣れであった明治の文書を読み解く基礎体力を培うことができた。その後、高島先生のもとに指導学生が増えてもなお、高島ゼミへの参加を許してくださった。特に、吉田松陰『講孟箚記』を読む授業では、『孟子』をはじめとする中国古典を改めて徹底的に読み直すことができた。このように、高島先生とともに史料を精読してきたことは、様々な知見を得ることに繋がった。その成果を多分に活かした博士論文の審査の場においても厳しい質問をいただいた。とはいえ今回ばかりは、「それ、どういう意味ですか？」に対して自信をもって回答できたような気がする。

また、高島先生のお誘いによって全国自由民権研究顕彰連絡協議会（通称、全国みんけん連）の方々とも交流することができた。先生方、あるいは歴史学に携わる同世代の研究者から自由民権運動の意義、さらには歴史研究の方法について多くを学んだ。なかでも、研究を進めるにあたりいつも励ましのお言葉をいただいた安在邦夫先生と福井淳先生のお名前を挙げて、両先生に感謝の意を表したい。なお、今年（二〇二四年）は自由民権運動の口火を切った民撰議院設立建白書が提出されて一五〇年目にあたる。こうした節目に、「自由」と「民権」の実現可能性を模索してやまなかった兆民の思想を「再考」する本書を江湖に問うことができたのは、実に万感交到るものがある。

川村康先生に。中江兆民、ましてや『民約訳解』を対象とするならば、第一に漢文を扱う技量が求められる。東洋法制史をご専門とされる川村先生は著者のために、『民約訳解』の漢文をひたすらよむ授業を開講してくださった。兆民が親切にも（？）訓点を付してくれていたとはいえ、高校を卒業して以来、全く漢文に触れてこなかった著者にとって、これを読み下す作業は至難であった。時には投げ出して、（今だから告白するが）誘惑に負けて全集に載る島田虔次による「解答」をチラ見することもあったけれども、先生の厳しいご指導のお陰で徐々に東アジアの共有知を会得していくことができたし、何より漢文をよむことが楽しく感じるようになった。気がつくと、清朝の知識人が書いた漢文に対してさえも抵抗をもつことがなくなっていた。そして、その成果は本書においても活きている（言うまでもなく、これらの文責は全て著者に帰す）。漢文読解能力が全くもって皆無であった著者を、あらゆる漢文文書に抵抗をもつことがないような水準にまで引き上げてくださったのは川村先生である。

守屋浩光先生に。著者が大学院に入学して以来、日本法制史をご専門とされる守屋先生からは近世文書のよみ方を学んだ。崩し字で書かれた候文を翻刻する作業は、はじめは全くのお手上げであった。しかし、様々な文書を扱っていくうちに、徐々によめてきたような気分になるのは実に愉快であった。もっとも、まだまだ修行が足らない未熟な状態ではあるが、史料のよみ方について一から手ほどきを授けてくださった守屋先生に感謝したい。また守屋先生からは、必ずしも歴史や古文書のよみ方のみを教わったわけではない。古文書にたまたま現れる地名から話が始まり、そこの地理について、さらには現地のおすすめの料理店や鉄道事情に至るまで、雑談で盛り上がることがしばしばあった。その博覧強記についていくことができず、もはや聞くに徹することもあった。けれども、こうした「雑学」と思われるようなネタにおいても、研究のヒントが隠れていることを学んだ。また、果たして論文が書けるのか、そもそも将来研究者としてやっていけるのかという院生特有の不安に、守屋先生はいつも励ましの言葉をかけてくださった。守屋先生のお言葉はいつも温かく、そして元気を与えてくれた。最もリラックスしながら臨むことができた授業ではあったけれども、そこで学んだことは実に多岐に渡る。

気づけば、関西学院大学に入学して既に十二年の月日が経つ。学部時代から現在に至るまで、右記の四名の先生をはじめ関西学院大学法学部の先生方には大変お世話になった。心から御礼を申し上げたい。そして、研究を進めるにあたっては、むろん学外の先生方からも多大なる恩恵をうけている。

下川玲子先生に。下川先生は、博士論文の審査にあたり外部審査者として副査の任を担ってくださった。修士論文を加筆修正した論稿（本書の第一章に相当）をお送りしてコメントをくださったことが、下川先生と著者とのはじめての交流であった。その後、二〇二二年に開催された日本倫理学会において、下川先生のお誘いによって非会員であったにもかかわらず、報告する機会をいただいた（その内容の一部は本書にも活かされている）。下川先生と板東洋介先生がご用意してくださった主題別討議（「東アジアの中の日本思想「儒教思想を中心に」」）の場では、—他の報告者は嚴錫仁先生と高橋恭寛先生であった—なぜかしら全く緊張することなく、誠に楽しく報告することができた。何より、自分とは異なる分野を専門とされる先生方の前で、中江兆民という人物の思想を説明することは、貴重な経験であった。
大学院生時代から常に著者の研究の動向を気にかけてくださった下川先生が、博士論文審査の副査の任を担ってくださったのは光栄であった。審査の場では大変厳しいご指摘をいただいた。その時点では明快に回答することができなかったかもしれない。しかし、博士論文が少しでも改善されて本書に反映されているならば、それは審査の場で交わされた下川先生との対話によるところが大きい。

片岡龍先生に。著者が初めて論文を公表したのは二〇二〇年二月のことであった。「さあ、これからだ！」と気合を入れた矢先にいわゆるコロナ禍が始まり、間もなく大学は閉鎖された。世間では「ソーシャル・ディスタンス」が叫ばれ、対面による交流が著しく制限された。研究活動がままならない状況に陥った著者は、混乱し今後の活路を見失っていた。そのような時に、先に抜刷をお送りしていた片岡先生からお返事が届き、会長を務められている日本東アジア実学研究会への入会のお誘いを同時にいただいた。片岡先生のお誘いが、混迷した状態から著者を救ってくださった。特に同研究会に既に入会していた、主に東北大学文学研究科に所属する同世代の大学院生が主催する読書会に、著者も仲間に入れていただいたのは本当に嬉しかった。コロナ禍によって突如として大きな役割を担うことになったオンラインによるWeb会議が、県境、さらには国境を越えて私たちを結んでくれた。むしろ対面でなかったがゆえに、毎週読書会を開催し、論文や漢文文書を読み合い意見を交わすという貴重な時間を共有することができた。こうした営みや交流は現在も続いているし、今後も大事にしていきたい。必ずしも母語を同じくしない多くの研究者とお付き合いするきっかけを与えてくださった片岡先生、および日本東アジア実学研究会会員の皆様に感謝したい。

本書の参考文献を一瞥するまでもなく、著者は実に数多くの研究からの恩恵を受けている。ここでは、本書が乗り越えるべき「壁」として常に意識し続けてきた先学、特に宮村治雄先生、山田博雄先生、米原謙先生、渡辺浩先生に感謝したい。兆民研究を本格的に志した時点で、いつも座右にあったのは先生方の御著作であった。とてつもなく大きな「壁」であるこれらの先行研究に対して、いかに自分なりのオリジナリティを提示するかが著者にとっての課題であった。恐る恐る、その途中経過を抜刷として不躾に送らせていただいたにもかかわらず、先生方はいつも懇切丁寧なコメントやご質問を寄せてくださった。そのお返事を書くことはとてつもない緊張を伴ったが、先生方が拙論を読んでくださっていると思うとやはり嬉しかった。先生方からのご質問に対して回答を用意する作業は、論稿の至らぬ点を自覚することができたし、その反省は本書にも多分に活かされている。とはいえ、果たしてかつてのご質問にどれほど回答できているかという一抹の不安を拭いきることはできていないけれども、本書を先生方に捧げたい。

また、昨今、兆民研究はブームの兆しの様相を呈している。フランスからは Eddy Dufourmont 先生、大学院生の大塚淳氏（立教大学）と藤川剛司氏（東京大学）は、研究を進めるにあたり多大なる示唆と刺激を与えてくださった。今後も、様々な場面でご教示を賜ることができればと思う。

もっとも、右に挙げた以外の方々からも学会での報告や、既刊論文に対して有益なご意見をいただいた結果として本書は成っている。なかでも、お送りする抜刷に対して毎回お手紙やメールをくださった方々のお名前を全員挙げることができないのは申し訳ないが、文字通りの拙い論稿に対してご指導・ご鞭撻を賜ったことに、心から御礼を申し上げたい。そのご叱正は、論稿の改善に繋がったのみならず、今後の課題を見出して研究を進める原動力にもなった。面識の有無にかかわらず、著者は本当に多くの先生方からお世話になったと実感している。

なお、研究に際しては気分転換や息抜きも必要であろう。著者の研究活動は、気軽にいつでも話し合える身近な人たちによっても支えられてきた。

著者が所属する関西学院大学法学研究科の先輩と友人たちに。まず何より、冨田ゼミの先輩である平石知久氏に感謝したい。著者が研究で行き詰まり困っている時に、真っ先に手を差し伸べて励ましてくれたのは平石氏であった。博士課程への進学者が決して多いとはいえないこの頃において、同じ大学で日本政治思想史を専攻していた平石氏は、著者にとって頼りになる先輩であった。また、一たび外食をすると研究の話題から他愛のない話で何時間も盛り上がることもしばしばあった（著者自身、会計の際に財布を出した覚えがないのは気のせいだろうか）。お互いに対象とする時代や人物は違っても、ともに日本政治思想史を専攻する者として、優れた研究を量産し続ける平石氏は著者にとって常に尊敬すべき先輩であり研究者である。

次に、著者と同時期に大学院の後期課程に在籍し、ともに研鑽を積んだ後輩諸氏、特に趙民秀氏（民法）、朴濟民氏（刑事訴訟法）、見澤夏穂氏（英米法）、柳下草太氏（日本政治史）に御礼を申し上げる。それぞれが異なる分野を専攻するとはいえ、忌憚なく自らの研究について語り合うことができる仲間をもてたことは有難かった。必ずしも研究の話題だけではなく、くだらないお喋りで何時間も盛り上がることができる彼ら／彼女とともに大学院生活を過ごすことができたのは、誠に幸せであった。
最後に、関西学院大学法学研究科の大学院共同研究室（通称、院生室）の「住人」たちに感謝を申し上げたい。院生室において、多様なバックグラウンドを有し個性溢れる大学院生たちと日々を過ごせたことは、著者の大学院生時代の青春そのものであった。様々な研究関心を有するユニークな人たちとの交流は、研究者としてだけではなく、人間としても大きく成長させてくれたと思う。報告の仕方や原稿の書き方を指南してくださった先輩方、修士論文の執筆に励み苦楽をともにしたかつての同期の友人たち、著者の「講義」にいつも根気強く（？）付き合ってくれた（いまだに付き合わされている人がいる）後輩諸氏に感謝したい。そして、こうした恵まれた研究環境を提供してくださっている関西学院大学法学研究科に心より御礼申し上げる。

本書の刊行にあたり、創元社の山口泰生さんには大変お世話になった。出版という著者自身初めての経験は不安ではあったが、山口さんのお力添えによって本を作る楽しみを知ることができた。また本書の表紙には、これまでの書籍でいまだに使われたことのない兆民の写真を載せようという山口さんの発案のお陰で、素晴らしい装丁になった。兆民の遺作『続一年有半』に収録された最晩年の写真であるとはいえ、何だか物思いに耽るその様子は、「兆民を再考する」という本書の意図にぴったりだと思う。ちなみに、出版社である創元社は、かつて兆民がよく通った御霊《ごりょう》文楽座の跡地付近（大阪市中央区）にある。兆民が快哉を叫んでいたであろう場所のすぐ隣の出版社から、兆民に関する本を上梓することができたのは著者にとって最たる自己満足である。

最後に、私事になるが家族、特に父（裕《ひろし》）と母（典子）に。毎日のように大学に出かけて何をしているのか分からない息子に対して（途中からもはや聞くことさえも諦められた）、両親は経済的、そして精神的に支えてくれた。何事においても一切反対することなく常に暖かく見守り応援してくれた父、そしていかに遅く帰宅しようとも夕食を用意してくれた母のお陰で、著者は全神経を研究に集中することができた。口にして言うのは何だか気恥ずかしいけれども、紙面上なら日頃の気持ちを少しだけ伝えることができるかもしれない。いつもありがとう。

田中　豊

二〇二四年十月　西宮市上ヶ原にて

注

■序章

（1）兆民の略歴については、松永昌三『中江兆民評伝（上）（下）』岩波現代文庫、二〇一五年が最も網羅的でかつ実証的に詳述している。以下、専ら同書に依拠したうえで叙述した。

（2）両者の関係についてはここでは扱わないが、この点は杉山剛『奥宮慥斎の研究－明治時代を中心にして－』早稲田大学出版部、二〇一三年、一九三－一九七頁で詳述されている。

（3）萩原三圭（一八四〇－一八九四）は、幕末から明治時代の医学者。土佐高知藩の細川潤次郎に蘭学を、大坂の緒方洪庵にオランダ医学を学ぶ。のち長崎で医学校に入学。明治二年ドイツに留学。明治七年に東京医学校教授、同二一年に宮中侍医局の侍医を務める。そのかたわら小児科を開業した。細川潤次郎（一八三四－一九二三）は、幕末から大正時代にかけて活躍した法制学者、教育家。土佐高知藩士であり、藩政改革に参画し「海南政典」を編集している。維新後、開成学校権判事となり、新聞紙条例、出版条例を起草した。明治九年元老院議官、同二三年貴族院議員、同二六年枢密顧問官。女子高等師範校長、学習院院長心得などをつとめた。萩原と細川の経歴については『講談社 日本人名大辞典』講談社、二〇〇一年を参照。

（4）富田仁の調査によれば、平井義十郎は一八三九年に長崎の唐通事の子として生まれ、長崎奉行の役人として外交文書の作成や翻訳に携わったが、彼が解した言語は英語と中国語であった。つまり彼において「フランス語の学習過程はまったく伝えられていないので、具体的に兆民が義十郎に師事したということをあきらかにする資料は見当たらない」。したがって正確には、平井義十郎がいた「濟美館でフランス語を修めた」とみなす方が妥当であろう（富田仁『フランスに魅せられた人びと－中江兆民とその時代－』カルチャー出版社、一九七六年、七〇－七五頁）。

（5）「東洋のルソー」は、ジャン＝ジャック・ルソーと異なり自伝を残さなかった。そのため、兆民の伝記については、直接彼の謦咳に接した幸徳秋水による『兆民先生』がしばしば頼りにされている。この時期における兆民の動向に関する史料はほとんど残っていないため、秋水の証言に依拠せざるを得ない。また秋水はかつて兆民の書生であり愛弟子であったように、直接師匠から聞き及んだ（と彼が述べている）内容が盛り込まれており、後世の兆民評伝の多くも往々にして秋水の証言に依拠してきた。ただし、ここでの弟子による師匠に対する評価には、多分に偏見が含まれていることも否めない（後述の、兆民を「革命の鼓吹者」と評する態度は、その典型である）。要するに、ここでの叙述は秋水の理念にしばしば重なり合うかたちで展開され、歪みが生じている場面がみられる。『兆民先生』が兆民の生涯の全容を描いているとはいえ、その内容に全幅の信頼を置くことができない点は、留保されるべきである。

（6）別四四八。

（7）『仏語明要』（一八六四年）は、「これまでの日本語対照の字書ではなく、西洋式A・B・Cの順序に単語配列がなされている」点において当時としては画期的な辞典であり、本邦初の本格的な仏和辞書と称される（田中貞夫『幕末明治初期 フランス学の研究〔改訂版〕』国書刊行会、二〇一四年、一八六頁）。

（8）秋水によると、兆民は福地のことを教育家ではないと手厳しい評価を下している。それは兆民の仏学クラスには多くの受講者がいた一方で「福地先生は屢々吉原に遊んで帰らざるが故に、英学の生徒漸く散じ」る状態にあったためであった。しかしその兆民も「窃かに近傍の稽古所に通ひて、杵屋の三絃を学」んでいた（別四四九）。

（9）兆民が大久保に直談判し、留学生の一員に入れてもらった経緯は、彼の逸話の中でもとりわけ有名である。兆民と大久保との間でやりとりされた会話を秋水は次のように証言する。「先生〔兆民〕乃ち日々衙門《がもん》の前に遊びて、公〔大久保〕の馬丁と親狎《しんこう》し、相図つて其退庁に乗じ、車後に附攀して往く。公車を下るや、急に進んで刺を通し、坐に延かるゝを得たり。先生乃ち政府の海外留学を命ずる、之を官立学校の生徒に限るの非なるを論じ、自ら其学術の優等にして、内国に在て、就くべきの師なく読むべきの書なきを説きて、其選抜を乞ひ、且つ曰く、同じく是れ国民にして、同じく是れ国家の為め也、何ぞ其出身の官と私とを問はんやと。公莞爾として曰く、足下土佐人也、何ぞ之を土佐出身の諸先輩に乞はざる。先生曰く、同郷の夤縁情実を利するは、予の潔しとせざる所也、是れ特に来って閣下に求むる所以也と。公曰く、善し、近日、後藤〔象二郎〕、板垣〔退助〕諸君に諮りて決す可しと」（別四四九－四五〇。〔　〕は引用者による注）。

（10）兆民は留学する前に日本で通訳の仕事を担っていたことや、フランス到着後間もなく西園寺の書きかけのフランス語の文書を見るや否やその文法の誤りを指摘したように、国内での学習において既に相当なフランス語能力を身に着けていたことが窺える。

（11）パレーとはいかなる人物であったのかについてはこれまで不明であったが、最近の研究で判明した。彼は、リヨン裁判所の上訴手続きを担当していた「代訴人」であったJean Baptiste Paretであることが特定された。この点については、横山裕人「中江兆民のフランス留学に関する新知見－リヨンの師パレとパリの師クトロー－」（『成蹊法学』九八号、二〇二三年）を参照。

（12）アコラースについては、米原謙「エミール・アコラースのこと」（『書斎の窓』第三六七号、一九八七年九月号）、および井田進也と宮村治雄との対談「アジアの思想を読む：中江兆民を中心に」（『アジア太平洋研究』四〇号、二〇一五年）、一〇九－一一〇頁を参照。

（13）なお、箕作麟祥は明治四年に『社会契約論』を「民約論」と訳していたことからも（飛鳥井雅道『中江兆民』吉川弘文館、一九九九年、九一頁）、「民約論」という名称が兆民の独創であったわけではなかった。

（14）河野広中「南遊日誌」（明治一二年一〇月）には、「土州者ニテ仏学者中居《マ》徳助《マ》ト云フ者アリ、此者ガ曩ニ民約論ヲ訳セシガ、何カ政府ヨリ談ジラレ為ニ鼻ヲ拭テ捨タリシガ、其写トカヤヲ植木ガ所持セシト、之ハ今日ノ民約論ヨリハ可ナリ」との記述がみられる（別三）。

（15）渡辺浩『日本政治思想史　十七世紀～十九世紀』東京大学出版会、二〇一〇年、四五四頁。また、井田進也「明治初期『民約論』諸訳の比較検討」（井田進也〔編〕『兆民をひらく　明治近代の〈夢〉を求めて』光芒社、二〇〇一年）も参照。

（16）加藤周一・丸山眞男（校注）『翻訳の思想　日本近代思想体系一五』岩波書店、一九九一年、四一二頁。
（17）飛鳥井、前掲書、一五七頁。
（18）山田博雄『中江兆民 翻訳の思想』慶應義塾大学出版会、二〇〇九年、三頁。
（19）井田進也『中江兆民のフランス』岩波書店、一九八七年、三八二頁。
（20）井田、前掲「明治初期『民約論』諸訳の比較検討」、一一七頁。
（21）Eddy Dufourmont による以下の著作を参照。*Rousseau au Japon : Nakae Chômin et le républicanisme français (1874-1890)*, Presses Universitaires de Bordeaux, 2018、および *Rousseau et la première philosophie de la liberté en Asie (1874-1890) : Nakae Chômin*, Bord de l'eau, 2021。
（22）米原の研究については、『日本近代思想と中江兆民』新評論、一九八六年、および『兆民とその時代』昭和堂、一九八九年を参照。
（23）宮城公子『幕末期の思想と習俗』ぺりかん社、二〇〇四年、一八七頁。
（24）そもそも、近代西洋思想の紹介者を一括に「啓蒙思想家」と呼称すること自体、ほとんど意味をなさない。それは、当時の思想家群において漢語的な意味での「啓蒙」を担うという知的態度が全くといってよいほどみられなかったためであった。この点については、河野有理「「啓蒙思想」語りの終わらせかたについて（政治思想における知性と教養）」（『政治思想研究』二〇巻、二〇二〇年）、一四二頁を参照。

■第一章

（1）「論公利私利」は福島正夫によって発見され、これを新発見の資料として「三島中洲と中江兆民－兆民の新発見資料をめぐって」（初出は『思想』六四一号、一九七七年。ただし引用者は後に転載される『福島正夫著作集　第一巻』勁草書房、一九九三年を参照にした）において詳細に紹介されている。
（2）中洲の年譜は、三島正明『最後の儒者—三島中洲』明徳出版社、一九九八年を参照。

（3）さらには、程度の差こそあれ中洲も西洋思想に触れていたことからも、兆民と「国家論、社会論、政策論等で意見を交すことが全くなかったとはとうてい考えられない」とも述べられている（前掲『福島正夫著作集 第一巻』、四一六頁）。
（4）⑪二四。
（5）同前。
（6）同前。
（7）⑪二五。
（8）同前。
（9）同前。
（10）朱傑人・厳佐之・劉永翔（主編）『朱子全書』上海古籍出版社、一九九六年、五四五頁。
（11）三島毅（原著）・中田勝（編）『新修 中洲講話』二松學舎、一九九七年、二〇－二一頁。
（12）中洲の師であった備中松山藩の藩儒・山田方谷は「理財論」において、「君子明其義。而不計其利」や「利者義之和」であると述べていたように、「利」は「義」の結果として得られることを主張していた（山田準［編］『山田方谷全集 第一冊』山田方谷全集刊行会、一九五一年、一九七－一九八頁）。
（13）⑪二三。
（14）①一三六。
（15）平岡昇（編）『世界の名著30 ルソー』中央公論社、一九六六年、二三一頁。
（16）「政」を同音である「正」であると解説するのは、『論語』（顔淵第十二）の「季康子 政を孔子に問ふ。孔子対へて曰く、政は正なり。子帥ゐるに正を以てせば、孰か敢て正しからざらん、と。」に由来する。『論語』の引用は、土田健次郎（訳注）『論語』ちくま学芸文庫、二〇二三年、四五〇頁を参照。
（17）米原謙「方法としての中江兆民：『民約訳解』を読む」（『下関市立大学論集』二七巻三号、一九八四年一月）、一七頁。

(18) 呂明灼・王鈞林・張佩国・権錫鑒『儒学与近代以来中国政治』斉魯書社、二〇〇四年、四八九頁。

(19) ①一五八。

(20) 島田虔次は、中国起源とみなす学者において体と用とを対にして用いた例は全く無いという根拠から、純粋に中国起源、すなわち儒教を由来とすることに警鐘を鳴らしている。

(21) 島田虔次『朱子学と陽明学』岩波新書、一九六七年、三－四頁。

(22) 同前、四頁。

(23) O.C.p371.

(24) ①一七八－一七九。

(25) この点は、既に米原謙によって指摘されている（米原、前掲『日本近代思想と中江兆民』、一八六頁）。本節における議論も同書に負うところが大きい。

(26) 竹内照夫『四書五経』平凡社、一九六五年、一七六頁。

(27) 島田虔次『大学・中庸』朝日新聞社、一九六七年、七頁。

(28) 島田、前掲『朱子学と陽明学』、一六三頁。元来、「中」を「不偏」としたのは程子で、「過不及」としたのは呂大臨であった。朱子はそれをまとめてこのように注釈したのである。

(29) 同前、一八八頁。

(30) その根拠として「討議」の契機が重んじられていたが、これについては後に触れる。

(31) なお『エミール』(*Émile ou De l'éducation*)には、L'essence de la souveraineté consistat dans la volonté générale, on ne voit point non plus comment on peut s'assurer qu'une volonté particuliére sera toujours d'accord avec cette volonté générale.(*Œuvres complètes de Jean-Jacques Rousseau*, éd. B.Gagnebin, M.Raymond, IV, Paris, Galimarad, Bibliothèque de la Pléiade, 1964, p843) とあるように、特殊意志は一般意志と一致せず、むしろ前者は後者とし

ばしば逆になることが説かれていた（この点については、R・ドラテ［著］西嶋法友［訳］『ルソーとその時代の政治学』九州大学出版会、一九八六年、三四八－三四九頁も参照）。

(32) 米原謙は、一般意志を「中」とする兆民の姿勢に関して「儒教の政治理念に仮託して【中略】ルソーよりもはるかに鮮明に一般意志概念を位置付けていると言ってよい。これが「東洋のルソー」の真骨頂」であると断定する（米原、前掲『日本近代思想と中江兆民』、一八七頁）。

(33) ①一七三。

(34) 宇野精一（訳注）『孟子』講談社学術文庫、二〇一九年、三五三頁。

(35) 山田、前掲『中江兆民　翻訳の思想』、一一六頁。

(36) ①一六四。Ce passage de l'état de nature à l'état civil produit dans l'homme un changement très rémarquable, en substituant dans sa conduite la justice à l'instinct, et donnant à ses actions la moralité qui leur manquoit auparavant. C'est alors seulement que la voix du devoir succédant à l'impulsion physique et le droit à l'appétit, l'homme qui jusques là n'avoit regardé que lui-même, se voit forcé d'agir sur d'autres principes, et de consulter sa raison avant d'écouter ses penchans(O.C.p364).

(37) ①一六四－一六五。

(38) La premiere et la plus importante conséquence des principes ci-devant établis est que la volonté générale peut seule diriger les forces de l'État selon la fin de son institution, qui est le bien commun(O.C.p368).

(39) ①一七三。傍点は引用者。

(40) 菊池理夫『共通善の政治学　コミュニティをめぐる政治思想』勁草書房、二〇一一年、二一－二三頁。

(41) 桑原武夫・前川貞次郎（訳）『社会契約論』岩波文庫、一九五四年および平岡（編）、前掲『世界の名著30 ルソー』はそのように訳している。

(42) Comment une multitude aveugle qui souvent ne sait ce qu'elle veut, parce qu'elle sait rarement ce qui lui est bon,

exécuteroit-elle d'elle-même une entreprise aussi grande, aussi difficile qu'un système de législation? De lui-même le peuple veut toujours le bien, mais de lui-même il ne le voit pas toujours(O.C.p380).

(43) ルソーは、衆人による無制限な「利」の追求を「善」として正当化する功利主義者ではなかった。兆民の言を借りるならば、ルソーが「利」のみを論じていなかったことが、『社会契約論』の要諦の一つであるといえよう。なお、本書第四章では、「利」を「善」と結びつけて定義していた荻生徂徠、および徂徠から多分に影響を受けていた西周の思想を取り上げ、兆民との比較を試みる。

(44) 小原薫「あるべき政治社会の「理義」を求めて－中江兆民の政治社会像についての一考察－」(『北大法学論集』第四〇号、一九九〇年)。

(45) 山田、前掲『中江兆民 翻訳の思想』、一一五頁。

(46) ①一三六。

(47) ①一九三。

(48) このように、政治的諸制度よりも相対的に「道徳」の方を重視する兆民の姿勢は、彼の別の著作にも反映されており、また終生持ち続けられる信念でもあった。「道徳ノ法律未ダ以テ人民の情念ヲ制スルニ足ラザルトキハ其勢抑制ヲ以テ之レニ易ヘザルヲ得ズ、是ヲ以テ道徳ノ力愈々盛ナルトキハ法律ノ抑制愈々其勢ヲ喪フテ、政府ハ終ニ無用ノ長物ト為ランノミ」(『理学沿革史』)、および「政治を措て之を哲学に求めよ、蓋し哲学を以て、政治を打破する是れなり、道徳を以て、法律を圧倒する是れなり」(『一年有半』)を参照。

■第二章

(1) 清末のルソー受容が明末清初の大儒・黄宗羲の思想を発掘させた契機であることを指摘する最近の研究として、伊東貴之「経世学の展開と考証学の隆盛—明末清初期から清代の学術と思想」(『アジア人物史第七巻 近世の帝国の繁栄とヨーロッパ』集英社、二〇二二年)、六〇九－六一〇頁を参照。

(2) 島田虔次『中国革命の先駆者たち』筑摩書房、一九六五年、一二八頁。
(3) この点については、李暁東「「改良派」梁啓超の「革命」」(『中国：社会と文化』二六号、二〇一一年)、一六六頁、および川尻文彦「清末中国におけるルソー『社会契約論』」(『清末思想研究—東西文明が交錯する思想空間』汲古書院、二〇二二年)、一一五頁。
(4) 「吾亦知梨洲之理想、不如盧梭之円満、梨洲之発明、不如盧梭之詳尽。雖然、以茲両端相比較、則吾以梨洲先生為中国之盧梭、吾自信非溢美之言」(鄔国義[編校]『『民約論』早期訳本合編与資料彙輯』上海古籍出版社、二〇二一年、四一七頁)。日本語訳については、島田、前掲『中国革命の先駆者たち』、一二九頁から引用した。
(5) 川尻、前掲書、一七九頁。
(6) 同前。
(7) 西田太一郎(訳)『明夷待訪録　中国近代思想の萌芽』平凡社、一九六四年、七頁。
(8) 同前、八頁。また『明夷待訪録』の冒頭「題辞」における「夷之初旦、明而未融」も参照。
(9) 同前、七頁。
(10) 以下、『明夷待訪録』の引用に際しては、呉光(編)『黄宗羲全集』浙江古籍出版社、二〇一二年に拠り、現代語訳にあたっては、島田虔次「中国のルソー」(前掲『中国革命の先駆者たち』)および西田、前掲『明夷待訪録』を参考にした。
(11) 西田、前掲『明夷待訪録』、一四頁。
(12) 「不以一己之利為利、而使天下受其利、不以一己之害為害、而使天下釈其害」(呉編、前掲『黄宗羲全集』、二頁)。
(13) 「凡君之所畢世而経営者、為天下也」(同前)。
(14) 「古者天下之人愛戴其君、比之如父、擬之如天、誠不為過也、今也天下之人怨悪其君、視之如寇讐、名之為独夫、固其所也。而小儒規規焉以君臣之義無所逃於天地之間、至桀、紂之暴、猶謂湯、武不当誅之」(同前、三頁)。
(15) 宇野、前掲『孟子』、六一頁。

（16）内野熊一郎『孟子 新釈漢文大系四』明治書院、一九六二年、六七頁。

（17）「孟子之言、聖人之言也。後世之君、欲以如父如天之空名禁人之窺伺者、皆不便于其言」（呉編、前掲『黄宗羲全集』、二頁）。

（18）小関武史「ジャン＝ジャック・ルソー、東洋のルソー、中国のルソー：東洋儒学文化圏におけるルソー受容の問題」（『仏文研究：Études de Langue et Littérature Françaises』二五巻、一九九四年九月）、二四八頁。

（19）「臣道如何而後可。曰、縁夫天下之大、非一人之所能治、而分治之以群工。故我之出而仕也、為天下、非為君也、為万民、非為一姓也。吾以天下万民起見、非其道、即君以形声強我、未之敢従也、況於無形無声乎。非其道、即立身於其朝、未之敢許也、況於殺其身乎。不然、而以君之一身一姓起見、君有無形無声之嗜慾、吾従而視之聴之、此宦官宮妾之心也。君為己死而為己亡、吾従而死之亡之、此其私暱者之事也。是乃臣不臣之弁也」（呉編、前掲『黄宗羲全集』、四頁。引用に際し適宜表記を改めた）。

（20）「吾以天下万民起見」。ところで「吾」字が一人称単数（黄宗羲）を指しているのか、それとも一人称複数形であるのかは、論者によって解釈が分かれている（前者は島田虔次、後者は西田太一郎による解釈である）。本書では島田による解釈を採用している。

（21）「為臣者軽視斯民之水火、即能輔君而興、従君而亡、其於臣道固未嘗不背也」（呉編、前掲『黄宗羲全集』、五頁）。

（22）「君与臣、其曳木之人也、若手不執紼、足不履地、曳木者唯娯笑於曳木者之前、従曳木者以為良、而曳木之職荒矣」（同前）。

（23）宇野、前掲『孟子』、四五〇頁。

（24）吉田松陰の場合は、「天下は一人の天下に非ず、天下の天下なり」を否定する。とりわけ、『講孟箚記』は、『孟子』のこの一節の意味を把握するためには以下の点に留意しなければならないと述べていた。「宝祚の隆、天壌と動きなく、万々代の後に伝わることなれば、国土・山川・草木・人民、皆皇祖以来保護持し玉う者なり。故に天下より視れば人君程尊き者はなし。人君より視れば人民程貴き者はなし。此の君民は開闢以来一日も相離れ得る者に非ず。故に君あれば民あり、君なければ民なし。又民あれば君あり、民なければ君なし」と述べるように、「人民」は「人君」よりも相対的に貴ばれる存在ではない（近藤啓吾［訳注］『講孟箚記（下）』講談社学術文庫、一九八〇年、四八九－四九〇頁、引用に際して適宜表記を改めた）。

(25) 河野顕「孟子の政治思想の現代的意義－その〝民本〟思想を中心に－」（『政経研究』三六巻二号、一九九九年）、六四五頁。

(26) 宇野、前掲『孟子』、二九二頁。

(27) 河野、前掲「孟子の政治思想の現代的意義」、六五二頁。

(28) 張師偉『民本的極限－黄宗羲政治思想新論－』中国人民大学出版社、二〇〇四年、三一二頁。

(29) 小島祐馬『中国の革命思想』弘文堂、一九五〇年、四〇頁。

(30) 「可惜我中国遂没有一個盧騒！【中略】有！有！明末清初、中国有一個大聖人、是孟子以后第一個人。他的学問、他的品行、比盧騒還要高幾倍、【中略】就是黄黎洲《ママ》先生、名宗羲」（劉晴波・彭国興［編］『陳天華集』湖南人民出版、二〇一一年、一一八－一一九頁）。引用に際して適宜表記を改めた。

(31) 「他著的書有一種名丸叫『明夷待訪録』、内有「原君」「原臣」二篇、雖不及『民約論』之完備、民約之理、却已包括在内」（同前、一一九頁）。

(32) 小関、前掲「ジャン＝ジャック・ルソー、東洋のルソー、中国のルソー」、二四五頁。

(33) 熊月之『中国近代民主思想史』上海人民出版社、一九八六年、二五三頁。

(34) 清水盛光『支那社会の研究：社会学的考察』岩波書店、一九三九年、九七頁。

(35) 同前。また最近の中国の研究においても同様に言及されている。例えば張師偉は、黄宗羲の思想に近代の民主思想を認めることができるとする一方で、「黄宗羲の主権者とは依然として天子であり、人民ではなかった」と述べている（張、前掲『民本的極限』、一七八頁）。

(36) 「前漢に皇帝の教育用に作られ【中略】諸子百家すべての系統の話が収録されていて【中略】その根底にあって

全体を統一しているのは儒家思想である」とみなされている劉向『説苑』には、「所謂天なる者は、蒼々莽々たるの天に非ざるなり。人に君たる者は、百姓を以て天と為す。百姓これに与せば則ち安く、これを輔くれば則ち彊く、これに非れば則ち危く、これに背けば則ち亡ぶ。詩に云う、『人にして良無く、一方に相怨む』と。民其の上を怨みて、遂に亡びざる者は、未だこれ有らざるなりと」(「所謂天者、非謂蒼蒼莽莽之天也。君人者以百姓為天、百姓与之則安、輔之則彊、非之則危、背之則亡。詩云、人而無良、相怨其上、不遂亡者、未之有也」)と「民本思想」を認めることができる。つまり、「人民こそが国家の基礎、君主は民のためにこそ存在する」は儒学およびその政治思想でもあったが、「近代の民主主義とはまったくの別物」である。なお『説苑』からの引用、およびその解説については、池田秀三(訳注)『説苑』講談社学術文庫、二〇一九年に拠る。

(37) 西順三・坂本ひろ子(訳注)『仁学―清末の社会変革論』岩波文庫、一九八九年、一四四―一四六頁。

(38) 清水稔「譚嗣同小論」(『歴史学部論集』第四号、二〇一四年三月)、二七頁。

(39) 同前。一方で「彼は西洋通であったが、おそらくルソーを知らなかった(少なくとも『仁学』にルソーの名は見られない)。」との見方もある(小関、前掲「ジャン＝ジャック・ルソー、東洋のルソー、中国のルソー」、二四七頁)。

(40) 清水、前掲「譚嗣同小論」、二七頁。

(41) 同前。

(42) 譚嗣同は、「民主の義」「民主の理」は孔孟を淵源とし黄宗羲に連なるとみなしている。この点から「譚嗣同の民主主義思想の直接の根は儒学にある」とも評されている(小関、前掲「ジャン＝ジャック・ルソー、東洋のルソー、中国のルソー」、二四七頁)。

(43) 狭間直樹「中江兆民『民約訳解』の歴史的意義について」(『近代東アジア文明圏の啓蒙家たち』京都大学学術出版会、二〇二一年)、八六頁。

(44) ①一三六。

(45) ①一六二。

(46) 桑原など、前掲『社会契約論』、四頁。

(47) 原田潜による『民約論覆義』もSouverainに「君主」の訳語を置くが、同時にMonarqueに対しても無分別に「君主」をあてるため、原田自身が頗る混乱していた。その結果として原田訳は、「臣従」(Sujets)が「君主ノ意志」を遵守しなければならないという君臣関係を説く、原著から著しく乖離する事態に至った。この点は、本書の補論を参照。

(48) Cette personne publique qui se forme ainsi par l'union de toutes les autres prenoit autrefois le nom de *Cité*, et prend maintenant celui de *République* ou de *corps politique*, lequel est appellé par ses membres *Etat* quand il est passif, *Souverain* quand il est actif, *Puissance* en le comparant à ses semblables. A l'égard des associés, ils prennent collectivement le nom de *peuple*, et s'appellent en particulier *Citoyens* comme participant à l'autorité souveraine, et *Sujets* comme soumis aux loix de l'Etat(O.C.p361-p362).

(49) On voit par cette formule que l'acte d'association renferme un engagement réciproque du public avec les particuliers, et que chaque individu, contractant, pour ainsi dire, avec lui-même, se trouve engagé sous un double rapport; savoir, comme membre du Souverain envers les particuliers, et comme membre de l'Etat envers le Souverain(O.C.p362).

(50) ①一六〇－一六一。

(51) ①一六一。

(52) 坂本多加雄は、「兆民は、この「主権者」という訳語が法的政治的意味での支配者を含意することを意識していたがゆえに、儒教の正統的な文脈において、一般人民に対して道徳的真理を教示する存在とされる「君」という言葉」を用いたと推測する（坂本多加雄『近代日本精神史論』講談社学術文庫、一九九六年、三二六頁）。

(53) Afin donc que le pacte social ne soit pas un vain formulaire, il renferme tacitement cet engagement qui seul peut

donner de la force aux autres, que quiconque refusera d'obéir à la volonté générale y sera contraint par tout le corps: ce qui ne signifie autre chose, sinon qu'on le forcera d'être libre(O.C.p364).

(54) ①一六三－一六四。

(55) ①一三二。

(56) 山田、前掲『中江兆民 翻訳の思想』、一八八頁。

(57) ①一九二－一九三。

(58) Ce qui est bien et conforme à l'ordre est tel par la nature des choses et indépendamment des conventions humaines. Toute justice vient de Dieu, lui seul en est la source; mais si nous savions la recevoir de si haut nous n'aurions besoin ni de gouvernement ni de loix(O.C.p378).

(59) ①一九三。

(60) 同前。

(61) ①一九三－一九四。

(62) 島田、前掲『大学・中庸』、二二頁。

(63) 山田、前掲『中江兆民 翻訳の思想』、一七九－一八〇頁。

(64) ①一九七。

(65) ⑫七三。なお読点は引用者が適宜補った。ちなみに、「一日看尽長安花」は、孟郊が科挙に及第した後、一日で長安の花を見尽くしてしまうほど気分が晴れているとしてその嬉しさを表現した漢詩「登科後」に由来する。

(66) ⑫七六。読点は引用者による。

(67) ①一九二。

(68) 同前。

■第三章

（1）山下重一『スペンサーと近代日本』御茶の水書房、一九八三年、五七頁。

（2）森村進（編訳）『ハーバート・スペンサーコレクション』ちくま学芸文庫、二〇一七年、四四五頁。

（3）宮崎八郎は西南戦争に赴くにあたり、次のような漢詩を残している（以下、上村希美雄『宮崎兄弟伝 日本篇上巻』葦書房、一九八四年、一〇三頁による）。

天下朦朧として皆な夢魂なり（天下朦朧皆夢魂）
危言独り欲す乾坤を貫くを（危言独欲貫乾坤）
誰か知る凄月悲風の底（誰知凄月悲風底）
泣いて読むルソーの民約論（泣読盧梭民約論）

飛鳥井雅道は、宮崎が読んだのは兆民による和訳「民約論」であるとみなす（飛鳥井、前掲『中江兆民』、一一三頁）。

（4）下出隼吉「ミルとスペンサー―明治文化に及ぼした影響について―」（下出民義（編）『下出隼吉遺稿』下出民義、一九三二年）、三一五頁。および山下、前掲『スペンサーと近代日本』、五五頁。

（5）「民約論」と『訳解』において délibération の訳語は一定しないが、本書では特に断らない限り原則、「討議」とする。

（6）西周がミルの *Utilitarianism* の内容を祖述し『明六雑誌』に投稿した「人世三宝説」、そして同書の漢文訳『利学』を挙げることができる。兆民と西周の思想の比較考察は、後の章で試みる。

（7）松沢弘陽「中江兆民の世界をたずねて：兆民研究の最近の動向」（『社會科學研究』三〇巻二号、一九七八年）、一〇六頁。

（8）渡辺、前掲『日本政治思想史』、一六頁。

（9）島田、前掲『大学・中庸』、七〇頁。

（10）Wm・T・ドバリー（著）山口久和（訳）『朱子学と自由の伝統』平凡社、一九八七年、一二五－一二六頁。

（11）前田勉『江戸の読書会 会読の思想史』平凡社、二〇一八年、三五三頁。

（12）李セボン『「自由」を求めた儒者―中村正直の理想と現実』中央公論新社、二〇二〇年、一七八－一七九頁。

（13）John Stuart Mill *On Liberty, Utilitarianism, and Other Essays*(edited with an introduction and notes by Mark Phlip and Frederick Rosen), Oxford University Press, 2015, p14. 日本語訳は、J・S・ミル（著）関口正司（訳）『自由論』岩波文庫、二〇二〇年、三〇頁を参照。

（14）李、前掲『「自由」を求めた儒者』、一八〇頁。

（15）「此訳成於庚子前、既脱稿而未删潤、嗣而乱作、與群籍供散失矣。適為西人所得、至癸卯春、郵以見還、乃略加改削、以之出版行世」（厳復「群己権界論」『厳復全集 巻三』福建教育出版社、二〇一四年、二五六頁）。なお同全集は初版ではなく、上海商務印書館の編にかかる『厳訳名著叢刊』に収録されている「群己権界論」（一九三一年）を底本としている。以下、引用に際しても同全集に拠る。

（16）厳復は日本で既に広まっていた「自由」ではなく、あえて「自繇」を使い（「繇」の字は「由」に通じる。現代中国語も、ともにyóuとよむ）、しかも書名を「群己権界論」とした。これは、原著第四章のOf the Limits to the Authority of Society over the Individual（「論国群小己権限之分界」）に由来する題名であった。本書でも、『群己権界論』の文脈に限り「自由」ではなく「自繇」の語を使う。

（17）「或謂：〝旧翻自繇之西文liberty里勃而特、当翻公道、猶云事事公道而已。〟此其説誤也。【中略】又与slavery奴隷、subjection臣服、bondage約束、necessity必須等字為対義。人被囚拘、英語曰To lose his liberty失其自繇、不云失其公道也。釈繫狗、曰Set the dog at liberty使狗自繇、不得言使狗公道也。公道西文自有専字、曰justice札思直斯。二者義雖相渉、然必不可混而一之也。【中略】中文自繇、常含放誕、恣睢、無忌憚諸劣義。然此自是後起附属之詁、與初義無渉。初義但云不為外物拘牽而已、無勝義亦無劣義也。」（前掲「群己権界論」、二五四頁）。なお、厳復が相応しくないとして反駁の対象としていた「liberty里勃而特」の訳語「公道」は、張之洞『勧学篇』

に由来する。この点については石田雄「西洋政治諸観念の摂取とその特質―「自由」と「権利」を中心に」（『日本近代思想史における法と政治』岩波書店、一九七六年）、九三頁が指摘している。

(18) 「夫人而自繇、固不必須以為悪、即欲為善、亦須自繇。其字義訓、本為最寛、自繇者凡所欲為、理無不可、此如有人独居世外、其自繇界域、豈有限制？ 為善為悪、一切皆自本身起義、誰復禁之！ 但自人群而後、我自繇者人亦自繇、使無限制約束、便入強権世界、而相衝突。故曰人得自繇、而必以他人之自繇為界、此則《大学》絜矩之道、君子所恃以平天下者矣。穆勒此書、即為人分別何者必宜自繇、何者不可自繇也。」（同前）。

(19) 出典の『大学』には、「所謂る天下を平らかにするは其の国を治むるに在りとは、上老《かみろう》を老《ろう》として、民孝《たみこう》に興《おこ》る。上長を長として民弟に興る。上孤《こ》を恤《あわれ》みて民倍《そむ》かず。是《ここ》を以て君子は絜矩の道有り」、あるいは「上《かみ》に悪《にく》む所は、以て下《しも》を使うこと毋《なか》れ。下に悪む所は、以て上に事《つか》うること毋れ。前に悪む所は、以て後《しりえ》に先んずること毋れ。後《しりえ》に悪む所は、以て前に従うこと毋れ。右に悪む所は、以て左に交わること毋れ。左に悪む所は、以て右に交わること毋れ。此れを之れ絜矩の道と謂う」との記述がみられる。朱熹の解説（『大学章句』）によれば、「絜」は、度であり、「矩」は定規であるから、己の心を定規として人の心を度《はか》り、人の悪むところも己のそれに異ならない、ぴたりと一致する、ということを知れば、己の悪むところを人に施そうとはしない、という意味合いがある（島田、前掲『大学・中庸』、一一四―一一九頁）。

(20) 「西国言論、最難自繇者、莫若宗教、故穆勒持論、多取宗教為喩。中国事與相方者、乃在綱常名教。事関綱常名教、其言論不容自繇、殆過西国之宗教。観明季李贄、【中略】可以見矣。」（前掲「群己権界論」、二五六頁）。

(21) 「今夫一国最隆之名教、乃有人焉敢以私説與為異同、如是者謂之異端、甚或斥為邪説」（同前、二八三頁）。

(22) 「至朱晦翁謂雖孔子所言、亦須明白討箇是非、則尤為卓犖俊偉之言。誰謂吾学界中無言論自繇乎。」（同前、二五六頁）。

(23) 中村正直「人民ノ性質ヲ改造スル説」（大久保利謙［監修］『明六雑誌』第三〇号、一九七八年）、八丁。句点は引用者が補った。

（24）島田、前掲『大学・中庸』、二九頁。

（25）李、前掲『「自由」を求めた儒者』、一三四頁。

（26）同前。

（27）ただし中村は、山田俊蔵『民選議院論綱』（一八七五年）に寄せた序文で「民選議院を開設することが時期尚早であり弊害があるというけれども、凡その物事に害を齎さないというものはない。だから、少しでもその害を取り除き、利を多くすればよいのである。それと同じく、利益を齎す兆しが認められる民選議院も一度設立し、もし害が生じればこれを改めればよい」（原漢文）と述べていたように、「民選議院」の早期の開設に必ずしも否定的ではなかった（中村敬宇『敬宇文』平凡社、二〇〇八年、一三六－一三七頁）。

（28）B・I・シュウォルツ（著）平野健一郎（訳）『中国の近代化と知識人―厳復と西洋』東京大学出版会、一九七八年、一三九頁。

（29）「蓋民智之最患者、厳立一義而以為無可疑、由無可疑而得不可議、由不可議而得不足思。吾聞一並世哲家言曰〝名教大義酣寝久矣〟、至哉斯言！」（前掲「群己権界論」、二九一頁）。なお原文は、The fatal tendency of mankind to leave off thinking about a thing when it is no longer doubtful, is the cause of half their errors. A contemporary author has well spoken of 'the deep slumber of a decided opinion'(John Stuart Mill *On Liberty, Utilitarianism, and Other Essays* (edited with an introduction and notes by Mark Philp and Frederick Rosen), Oxford University Press, 2015, p43)。ちなみに同書の編者注によると、“the deep slumber of a decided opinion” の典拠は不明とされているが、関口、前掲『自由論』、二六三頁（訳注二七）によると匿名の著者『隠遁と俗世に関する考察』（一八三五年刊）からの引用であるらしい。

（30）「名教大義所由陳腐而無益於人心、亦以言論不自繇之故」（前掲「群己権界論」、二九一頁）。

（31）高柳信夫「中村正直と厳復におけるJ・S・ミル『自由論』翻訳の意味」（狭間直樹・石川禎浩［編］『近代東アジアにおける翻訳概念の展開：京都大学人文科学研究所附属現代中国研究センター研究報告』京都大学人文科

学研究所、二〇一三年)、七四頁。

(32)「須知言論自繇、只是平実地説実話求真理、一不為古人所欺、二不為権勢所屈而已。使理真事実、雖出之讐敵、不可廃也。使理謬事誣、雖以君父、不可従也。此之謂自繇。【中略】使中国民智民徳而有進今之一時、則必自実宝愛真理始」(前掲「群己権界論」、二五六頁)。

(33) B・I・シュウォルツ、前掲『中国の近代化と知識人』、一三〇 - 一三一頁。

(34) 前掲「群己権界論」、二五五頁。

(35)「観此知欧洲議院之制、其来至為久遠、民習而用之、国久而安之、此其所以能便国而無弊也。今日中国言変法者、徒見其能而不知其所由能、動欲国家之立議院、此無論吾民之智不足以與之也」(厳復「原富」『厳復全集 巻二』福建教育出版社、二〇一四年、二八五頁)。

(36) 石田雄「J・S・ミル『自由論』と中村敬于および厳復」(前掲『日本近代思想史における法と政治』)、一七頁。

(37) 高増傑「福沢諭吉と厳復 - その国民観の比較について -」(源了圓・厳紹璗[編]『日中文化交流史叢書3 思想』大修館書店、一九九五年)、四五四 - 四五七頁。

(38) J・S・ミル(著)関口正司(訳)『代議制統治論』岩波書店、二〇一九年、三一頁。

(39) 清末の士大夫側からの議会観については、小野泰教『清末中国の士大夫像の形成―郭嵩燾の模索と実践』(東京大学出版会、二〇一八年)が詳しい。同書では、当時の士大夫もまた西洋(特に英国)型の議会を「積極的な議論が行われ、良き政策や法律が生まれ」て、「君民一体、上下一心」が実現するための機能であると観念されていた。こうした考えに対して中国初代駐英公使の郭嵩燾は、「いかなる目的であれ議論を戦わせることは、時として秩序を乱し、しまいには社会を混乱におとしいれる」という懸念を抱いていた。とりわけ、英国流の政党政治を中国よりも甚だしい「党争」とみなし、自己の正当性を主張するために他党の抹殺をも辞さない社会秩序を破壊しかねないものとして把握したのであった(一〇九 - 一一二頁)。

(40) 石田、前掲「J・S・ミル『自由論』と中村敬于および厳復」、三五頁。

(41) 河野磐州伝編纂会（編）『河野磐州伝（上）』河野磐州伝編纂会、一九二三年、一八六－一八七頁。
(42) 丸山眞男「超国家主義の論理と心理」（『丸山眞男集 第三巻』岩波書店、一九九五年）、二〇－二一頁。
(43) 石田、前掲「J・S・ミル『自由論』と中村敬于および厳復」、三六頁。
(44) 関口、前掲『自由論』、一二頁。
(45) 同前、一三頁。
(46) 同前。
(47) ミル（著）中村正直（訳）『自由之理 リプリント日本近代文学二三六』平凡社、二〇一二年、二八頁。
(48) 同前、二八頁。
(49) 同前、二八－二九頁。傍点は原文ママ。
(50) 石田、前掲「西洋政治諸観念の摂取とその特質」、一〇二頁。
(51) 冨田宏治「近代日本における「自由」の観念：「欲望」「権力」「自由」の日本思想史序説」（『関西学院大学人権研究』二巻、一九九八年）、三〇頁。
(52) 同前。
(53) 石田雄『日本の政治と言葉―（上）「自由」と「福祉」』東京大学出版会、一九八九年、五九頁。
(54) 柳父章『翻訳語成立事情』岩波新書、一九八二年、一八三頁。
(55) 石田、前掲『日本の政治と言葉』、四五頁。
(56) 同前。
(57) 例えば「人民の代議士は、一般意志の代表者ではないし、また代表者たりえない。彼らは、人民の使用人でしかない。【中略】イギリスの人民は自由だと自分では考えているが、それはとんでもない誤解である。彼らが自由なのも、議会の構成員を選挙する期間中だけのことで、議員が選ばれるやいなや、イギリス人民は奴隷となり、なきに等しい存在となるのである」（平岡（編）、前掲『世界の名著30 ルソー』、三一二頁）。

(58) ①一三二。

(59) この点に着目した最近の研究として、藤川剛司「民に代わり議するために：中江兆民と代議制民主主義」(『国家学会雑誌』一三六巻一一・一二号、二〇二三年)がある。

(60) ①一九二。

(61) Plus le concert regne dans les assemblées, c'est-à-dire, plus les avis approchent de l'unanimité, plus aussi la volonté générale est dominante; mais les longs débats, les dissensions, le tumulte, annoncent l'ascendant des intérêts particuliers et le déclin de l'Etat(O.C.p439).

(62) ⑭六六。読点は引用者。以下も同様。

(63) ⑭六九。

(64) ⑭九七。

(65) ⑩二八。

(66) ⑩三〇–三一。ルビは原文ママ。

(67) 兆民が「一人の智慧者」と述べた時、『社会契約論』における「立法者」を想起していたのかもしれない。この点については後述する。

(68) 何鵬挙「「理」の探索と国会：中江兆民の憲政論における政道と政体」(『相関社会科学』二四巻、二〇一五年)、三一頁。

(69) ⑪一八一。

(70) ⑪一八二。

(71) 宮村治雄『理学者 兆民—ある開国経験の思想史』みすず書房、一九八九年、一五頁。

(72) ⑬二八〇–二八一。

(73) 関口、前掲『自由論』、八四–八五頁。

(74) 同前、五二頁。

(75) 同前、五一頁。

(76) 同前、二七頁。

(77) 小泉仰『ミルの世界』講談社学術文庫、一九八八年、一九九－二〇〇頁。

(78) ⑥三六七。底本の原著第二版には次のようにある。Stuart Mill, ne prétendant point fonder une *obligation morale*, y substitue une sorte de contrainte intellectuelle. Pour la produire, il s'adresse à l'association des idées: on associera, dit-il, dans l'esprit des enfants l'utilité particuliére et l'utilité générale, et cela par un lien tellement fort qu'ils ne concevront pas même la pensée de les séparere(Alfred Jules Émile Fouillée *Histoire de la Philosophie* (*DEUXIÈME ÈDITION*) Paris, Librairie Ch. Delagrave, 1879, p480).

(79) ⑥三六七－三六八。Évidente utopie qui ne tiendrait pas devant les faits de chaque jour, où éclate si souvent l'antagonisme des intérêts. Aussi les utilitaires s'efforcent-ils, pour supprimer cette opposition gênante entre les faits et les idées, de trouver une organization sociale où les intérêts soient réellement confondus. Stuart Mill cherche cette organization(*ibid.*,p480).

(80) ①一八三。

(81) ①一七九。

(82) ①一七三。

(83) 特に黄宗羲の議論は、「単なる人材育成のための教育機関ではなくして、在野の地方士人をも含んだ士大夫層の輿論や公論決定機関」であり、君主もそれを考慮して政策の是非を決定すべきであると説かれていた。小楠の「学政一致」については源了圓「横井小楠における学問・教育・政治－「講学」と公議・公論思想の形成の問題をめぐって－」（『横井小楠研究』藤原書店、二〇一三年）を参照。黄宗羲の「学校」については、伊東、前掲「経世学の展開と考証学の隆盛―明末清初期から清代の学術と思想」、六一二頁。

■第四章

(1) 阪谷芳直・鈴木正(編)『中江丑吉の人間像—兆民を継ぐもの』風媒社、一九七〇年、一二三頁。

(2) 現に、近代小説の成立に貢献した坪内逍遥は晩年に、言文一致を志向し「文体の事で極左」であった西周の「急進」さを強調するにあたり、『訳解』の漢文体を比較の対象として引き合いに出していた(坪内逍遥『柿の蔕』中央公論社、一九三三年、二二―二三頁)。本章では後に、西周と兆民が抱いていた文体観念の差異について考察する。

(3) 杉田玄白「和蘭医事問答」(沼田次郎・松村明・佐藤昌介[校注]『日本思想体系六四 洋学 上』岩波書店、一九七六年)、二〇二頁および二一三頁。

(4) 嵯峨隆『アジア主義全史』筑摩書房、二〇二〇年、五六頁。

(5) 例えば、東京から留学先のドイツ・ベルリンまでの途上を綴った『航西日記』(一八八九年)。

(6) 森林太郎がオランダ語を学ぶ契機は蘭医であった父の静男の意向であったが、同時に森家と親戚であり幕末にオランダ留学を経験している西周の影響も多分にあったとの指摘もある(山岡浩二『明治の津和野人たち:幕末・維新を生き延びた小藩の物語』堀之内出版、二〇一八年、二四六頁)。

(7) ただし、『航西日記』の読者については、弟(篤次郎)や友人(長瀬時衡)、そして同書が掲載された雑誌『衛生新誌』の購読者である医療関係者(特に医師)を想定読者として念頭にあった。これについては、森岡ゆかり『文豪の漢文旅日記—鷗外の渡欧、漱石の房総』新典社、二〇一五年、三七―三八頁を参照。

(8) 『訳解』の東アジアへの波及については、補論で扱う。

(9) 堀田善衛「知識人と大衆―兆民の文体―」(木下順二・江藤文夫[編]『中江兆民の世界「三酔人経綸問答」を読む』筑摩書房、一九七七年)、一四五頁。

(10) ただし、『(欧米)政理叢談』の創刊号に掲載されたDéclaration montagnarde(一七九三年六月のモンタニャール宣言）の訳出「千七百九十三年仏蘭西民権之告示」は漢文体で書かれている。

（11）例えば、柳父章「兆民はなぜ『民約訳解』を漢文で訳したか」（『國文學―解釈と教材の研究』第四九巻一〇号、學燈社、二〇〇四年）、井上厚史「中江兆民と儒教思想－「自由権」の解釈をめぐって－」（『北東アジア研究』第一四・一五合併号、二〇〇八年三月）、岡田清鷹「『民約訳解』再考―中江兆民と読者世界」（『Core Ethics：コア・エシックス』六巻、二〇一〇年）、下川玲子『朱子学から考える権利の思想』ぺりかん社、二〇一七年などを挙げることができる。なかでも米原謙は、「『訳解』の最大の特色は、儒学の用語を訳語として多用することによって、儒教倫理の内包するエートスの内部で『社会契約論』を理解しようとした点にある」と述べている（米原、前掲『日本近代思想と中江兆民』、一七五頁）。

（12）別四六五－四六六。

（13）前掲『自由之理』、九頁。〔 〕と読点は引用者。ちなみに、この大久保による序文も『自由之理』の平易な文体に対応するように、難しい漢語を排除し、基本的に仮名で書かれていた。

（14）高柳、前掲「中村正直と厳復におけるJ・S・ミル『自由論』翻訳の意味」、七五頁。

（15）別二〇九に収録されている徳富蘇峰「妄言妄聴」（『国民新聞』、一八九五年一二月）。また兆民は『一年有半』においても「近時の漢文は一も観るに足る者無し」とはいえ、「独り岡松甕谷先生は実に近代の大家」であると晩年に至っても甕谷のことを絶賛していた（⑩一九九）。

（16）別五二二。

（17）『社会契約論』に対する「予蚤歳より嗜みて此の書を読み、久々にして得るところあるを覚ゆ」は、兆民の漢学学習の結果としての自信の現れであり、漢学修業の努力成果としてみなす研究もある。この点については、前掲『福島正夫著作集 第一巻』、四一六頁、および山田、前掲『中江兆民 翻訳の思想』、二五頁を参照。

（18）小島祐馬「中江兆民の学問と文章」（内田智雄［編］『政論雑筆』みすず書房、一九七四年）、一六一頁。

（19）①二九五。

(20) 狭間、前掲『近代東アジア文明圏の啓蒙家たち』、九五頁。
(21) 同前。
(22) 同前、九五－九六頁。
(23) 藤田浪人『民約論 日本立法資料全集別巻 八四〇』信山社、二〇一四年の「序」。
(24) 狭間、前掲『近代東アジア文明圏の啓蒙家たち』、九六－九七頁。
(25) 片山寿昭・徐水生「西周と中江兆民における東西思想の出会い―とくに「自由」の概念を中心として」(『人文学』一五一号、一九九一年)、二頁。
(26) 菅原光『西周の政治思想』ぺりかん社、二〇〇九年の第三章「〈君子の哲学〉としての「功利主義」」を参照。
(27) 大久保利謙(編)『西周全集 第二巻』宗高書房、一九六二年、二三八－二四一頁。
(28) 同前、二四〇頁。
(29) これを言い換えると、西において民の「開化」がすすめば民撰議院は否定されない。この点については菅原、前掲『西周の政治思想』、一二六頁を参照。
(30) 大久保利謙(編)『西周全集 第一巻』宗高書房、一九六〇年、五三二頁。
(31) 同前、五三二－五三三頁。
(32) 同前、五一七－五一八。引用に際しては、原文に付されているルビを適宜省略した。
(33) 菅原光「理と利」(米原謙[編]『「まつりごと」から「市民」まで』晃洋書房、二〇一七年)、九七頁。
(34) ⑪二四－二五。
(35) 渡辺浩「「聖人」は幸福か―善と幸福の関係について」(『明治革命・性・文明―政治思想史の冒険』東京大学出版会、二〇二一年)、五五七－五五八頁。
(36) 同前、五六八頁。
(37) ただし、井上厚史が提唱する「近代儒教」の視点にも配慮する必要があるかもしれない。それは「東アジアが西洋思想の影響を受けて近代化＝西洋化する時、各国では共通して儒教を近代化させようとする試みがみられた。その過程で儒教は否定されたり、再生されたりした」結果、資本主義社会を生き抜くよう改革されたものである。これについては井上厚史「西周と儒教思想－「理」の解釈をめぐって－」（島根県立大学西周研究会［編］『西周と日本の近代』ぺりかん社、二〇〇五年）、一七三－一七四頁を参照。

(38) 菅原、前掲『西周の政治思想』、一一二頁。

(39) 同前、一一六頁。なお以下の『利学』に関する議論については専ら同書を参照した。

(40) J・S・ミル（著）関口正司（訳）『功利主義』岩波文庫、二〇二一年、五二頁。

(41) 彌留（著）西周（訳）『利学 上巻』一八七七年、三七丁裏。［ ］は原文の割注。

(42) 菅原、前掲『西周の政治思想』、一一九－一二〇頁。

(43) 同前、一二〇頁。ただし、西においても「民」が議論をする習慣を身に着けることで「君子」たり得る余地を認めていたように（「網羅議院」）、「小人」や「君子」を固定的なものではなく流動的なものとして一応捉えていた（同前、一二七－一二八頁）。

(44) 小泉仰『西周と欧米思想との出会い』三嶺書房、一九八九年、一一頁、および菅原、前掲『西周の政治思想』、一〇七頁。

(45) 荻生徂徠「弁名」（吉川幸次郎・丸山真男・西田太一郎・辻達也［校注］『日本思想体系三六 荻生徂徠』岩波書店、一九七三年）、一一三頁。

(46) 関口、前掲『功利主義』、二四頁。

(47) ジェームズ・マクマレン（著）松田宏一郎（訳）「荻生徂徠の思想における歴史と功利――『論語』の再解釈を通じて」（『立教法学』第一一〇号、二〇二三年）、一二六頁。ただし訳者の松田宏一郎は、西洋の功利主義と徂徠の思想との間には大きな溝があるとして次のように述べている。「たとえばJ・S・ミルは幸福と功利を理解する能力を教育によって普及しなければならないと考えていた【下略】。ミルをエリート主義者とする見解はあるが、そのエリートは知的能力と教育の成果であって出自や生まれつきの性質で保証されたものではない。その点では西洋のエリート功利主義は朱子学と親和性を持つだろう。これに対して、徂徠の考えでは、そもそも個人の本質(「性」)は多様であって、それを教育によって根本的に変えることは不可能である。ただし、人の行動は「礼楽刑政」によってであれば変容可能である【下略】。だからこそ「礼」だけが民を道徳的社会生活に導きうる。「君子」は、「小人」を「小人」のままで、当人の理解や意志にかかわらず、「礼楽刑政」によって誘導する能力と責任を持つ。したがって「君子」は「小人」の教育には何も期待しない」(「訳者解説」、一六九―一七〇頁)。

(48) 同前。

(49) 荻生徂徠、前掲「弁明」、一八二頁。

(50) マクマレン、前掲「荻生徂徠の思想における歴史と功利」、一三五頁。

(51) 菅原、前掲『西周の政治思想』、一二四―一二五頁。

(52) 大久保利謙(編)『西周全集 第四巻』宗高書房、一九八一年、五三―五四頁。

(53) 菅原、前掲『西周の政治思想』、一二三頁。

(54) 同前、一二四―一二五頁。

(55) こうした見解をとる最近の研究として、辻本雅史『江戸の学びと思想家たち』岩波新書、二〇二一年、二一七頁を挙げることができる。

(56) ⑭七六。

(57) ⑪一九四―一九五。

(58) ちなみに兆民はその前年に、『三酔人経綸問答』で洋学紳士に男女普通選挙権を説かせていた。こうした点も踏まえるならば、兆民は女性の参政に対し若干の留保はあるとはいえ、否定されるべきものではないと考えていた。これは、ルソーにおいて政治の参加者が全員男性に限られていたことと、むろん異にする見解である。

(59) 東京外国語学校の校長時代における漢学教育への執着、および自身が主宰していた仏学塾での漢学の授業は、将来の「君子」育成にあたっての漢文が必要不可欠な素養として認識されていたことの証左であろう。
(60) 片山寿昭・徐水生、前掲「西周と中江兆民における東西思想の出会い」、一五頁。

■第五章

(1) ①一七。
(2) ①一七–一八。
(3) 宮村治雄『開国経験の思想史 兆民と時代精神(増補新装版)』東京大学出版会、二〇二四年、一一四–一一五頁。
(4) 別四五二。なお全集版で、便宜上「策論」と称され部分的に収録されていた当該文書は、「玉里島津家史料」に「救患七策」と題されその全文が載っている。本章では、「策論」ではなく「救患七策」の語を用いる。「救患七策」の全部が「玉里島津家史料」に収められていることについては、東京大学大学院法学政治学研究科博士課程の藤川剛司氏がご教示くださった。この場をお借りして感謝を申し上げます。
(5) 飯田鼎「福澤諭吉と兆民・辰猪:明治思想史研究序説」(『近代日本研究』、慶應義塾福澤研究センター、一九九七年)、九〇頁。
(6) ①三一。
(7) 飯田、前掲「福澤諭吉と兆民・辰猪:明治思想史研究序説」、九五頁。
(8) Dans la naissance des sociétés, dit Montesquieu, ce sont les chefs des républiques qui font l'institution, et c'est ensuite l'institution qui forme les chefs des républiques.(O.C.p381)
(9) ①三三。
(10) 同前。
(11) 井田、前掲『中江兆民のフランス』、二七一頁。宮村、前掲『開国経験の思想史』、一一六頁。
(12) ①二二。

(13) 井田、前掲『中江兆民のフランス』、二七一頁。なお井田は、兆民は残る一人の候補として大久保利通を念頭においていたと推測している。

(14) Benjamin I. Schwartz *The World of Thought in Ancient China*, Belknap Press of Harvard University Press, 1985, p288 は、ルソーの立法者と『孟子』のいう聖人とを比較したうえで両者の近似性を論じている。

(15) 『国会論』(⑩六二－六三)。なお、ここで挙げられている古代の立法者たちは、『社会契約論』においてルソーが「立法者」のモデルとして列記していた人物に他ならない。

(16) 勝海舟の日記（明治八年九月一八日の条）にも、「中井《マ》得介《マ》、過日左府公〔島津久光〕へ逢い候旨申し聞く」とある（勝部真長・松本三之介・大口勇次郎（編）『勝海舟全集 二〇』勁草書房、一九七三年、三三頁、〔 〕は編者による注）。

(17) ①二五－二六。

(18) ⑪七。

(19) ⑪六－七。

(20) 例えば米原謙は、「民権論」でいわれる「政教」についてモンテスキューのいう「習俗 mœurs」を連想させると言及したうえで、『社会契約論』における「市民宗教」の可能性もあるともいう（米原謙『近代日本のアイデンティティと政治』ミネルヴァ書房、二〇〇二年、二五頁）。

(21) 米原、前掲『近代日本のアイデンティティと政治』、一三頁。

(22) 桑瀬章二郎「例外的個人の承認の問題：ルソーの立法者の概念」(『仏文研究』二六巻、一九九五年)、四九頁。

(23) Les particuliers voyent le bien qu'ils rejettent: le public veut le bien qu'il ne voit pas. Tous ont également besoin de guides: Il faut obliger les uns à conformer leurs volontés à leur raison; il faut apprendre à l'autre à connoître ce qu'il veut. Alors des lumieres publiques résulte l'union de l'entendement et de la volonté dans le corps social, de-là l'exact concours des parties, et enfin la plus grande force du tout. Voilà d'où naît la nécessité d'un Législateur.

(O.C.p380)

(24) Celui qui ose entreprendre d'instituer un peuple, doit se sentir en état de changer, pour ainsi dire, la nature humaine; de transformer chaque individu, qui par lui-même est un tout parfait et solitaire, en partie d'un plus grand tout dont cet individu reçoive en quelque sorte sa vie et son être; d'altérer la constitution de l'homme pour la renforcer; de substituer une existence partielle et morale à l'existence physique et indépendante que nous avons tous reçue de la nature. Il faut, en un mot, qu'il ôte à l'homme ses forces propres pour lui en donner qui lui soient étrangères et dont il ne puisse faire usage sans le secours d'autrui.(O.C.p381)

(25) 宮村、前掲『開国経験の思想史』、一一四頁。

(26) ①一九八－一九九。原文は以下の通り。Comment une multitude aveugle qui souvent ne sait ce qu'elle veut, parce qu'elle sait rarement ce qui lui est bon, exécuteroit-elle d'elle-même une entreprise aussi grande, aussi difficile qu'un sistême de législation? De lui-même le peuple veut toujours le bien, mais de lui-même il ne le voit pas toujours. La volonté générale est toujours droite, mais le jugement qui la guide n'est pas toujours éclairé. Il faut lui faire voir les objets tels qu'ils sont, quelquefois tels qu'ils doivent lui paroitre, lui montrer le bon chemin qu'elle cherche, la garantir de la séduction des volontés particulieres, rapprocher à ses yeux les lieux et les tems, balancer l'attrait des avantages présens et sensibles, par le danger des maux éloignés et cachés. Les particuliers voyent le bien qu'ils rejettent: le public veut le bien qu'il ne voit pas. Tous ont également besoin de guides. Il faut obliger les uns à conformer leurs volontés à leur raison; il faut apprendre à l'autre à connoitre ce qu'il veut. Alors des lumieres publiques résulte l'union de l'entendement et de la volonté dans le corps social, de-là l'exact concours des parties, et enfin la plus grande force du tout. Voilà d'où naît la nécessité d'un Législateur(O.C.p380).

(27) ①一九九－二〇〇。

(28) ①二〇〇。

(29) 山田、前掲『中江兆民 翻訳の思想』、一八八頁。
(30) 佐々木毅「西洋法・政治思想の初期継受－中江兆民とルソー－」(石井紫郎［編］『日本近代法史講義』青林書院新社、一九七二年)、四九頁。
(31) 王寺賢太『消え去る立法者－フランス啓蒙における政治と歴史－』名古屋大学出版会、二〇二三年、三二一頁。
(32) A l'instant, au lieu de la personne particuliere de chaque contractant, cet acte d'association produit un corps moral et collectif composé d'autant de membres que l'assemblée a de voix, ...ils prennent collectivement le nom de peuple, et s'appellent en particulier *Citoyens* comme participant à l'autorité souveraine, et *Sujets* comme soumis aux loix de l'Etat. Mais ces termes se confondent souvent et se prennent l'un pour l'autre; il suffit de les savoir distinguer quand ils sont employés dans toute leur précision.(O.C.p361-p362)
(33) 例えば『訳解』以降の著作であるとはいえ、Alfred Jules Émile Fouillée *Histoire de la Philosophie*, 1875 の翻訳『理学沿革史』において『社会契約論』の religion civile は、Fouillée を介してであるとはいえ、原著のとおり以下のように的確に表現されていた。「一種ノ国教ヲ建設スルトキハ、政府ハ当サニ之ヲ国中ニ公布シ、然後若シ之ヲ奉ゼザル者有ルトキハ当サニ之ヲ境外ニ斥逐ス可シ、然ル所以ノ者ハ其必ズシモ神ヲ冒瀆スルガ為メナラズシテ、専ラ其国人タルノ名義ニ反シテ衆ト相親ム可ラザルガ為メナリ云々」(③一四四)。ただし Fouillée 本人は、ルソーの「本旨」として、「人々ノ自由権ヲ拡充スルニ在リ」とみなしつつも、「国教」(religion civile)を「政術ヲ論ズルニ及ビテハ反リテ政府ヲ先キニシテ各人ヲ後ニスルニ類スル有リ、此レ其欠失ノ処」であると否定的に捉えていた(⑥一四六)。
(34) 平岡(編)、前掲『世界の名著30 ルソー』、二五八頁。
(35) 米原、前掲『近代日本のアイデンティティと政治』、一三頁。
(36) ①一六〇。
(37) 森一貫は、政治に携わる者は「責任感や倫理的緊張感を要求されている「士」」的なエートスを持ち合わしていなくてはならないという兆民による政治的主張であると述べる（森一貫「ルソーの《Citoyen》と中江兆民の「士」－近代日本における「市民」概念－」〔『阪大法学』一六四巻、一九九二年〕、五五九頁）。

(38) 樋口陽一『憲法という作為－「人」と「市民」の連関と緊張－』岩波書店、二〇〇九年、一〇頁。

(39) 同前。

(40) 同前、八二頁。

(41) 同前。

(42) 都築勉「市民」（米原謙［編］『「まつりごと」から「市民」まで』晃洋書房、二〇一七年）、二一八頁。

(43) 日本・中国・朝鮮における士・紳士・선비の評価の変遷については、임태홍「한중일 삼국의 '사（士）' 개념 비교 고찰―선비・신사・무사 개념의 형성을 중심으로―」（『동양철학연구』제六五호、二〇一一년）が詳しい。朝鮮半島におけるソンビについては、朝鮮王朝の滅亡が彼らの倫理意識の堕落と深く関わったこと、かつその後に日本の植民地となったことに伴い彼らもまた二〇世紀初頭において批判の対象となる（四〇七頁）。

(44) 清水稔「中国の特権階級―士大夫と近代的知識人」（『鷹陵史学』四三号、二〇一七年）、三六頁。

(45) 同前、三七頁。

(46) 同前。

(47) 同前、三八頁。

(48) 渡辺浩『近世日本社会と宋学　増補新装版』東京大学出版会、二〇一〇年、一〇〇－一〇一頁。

(49) 『植木枝盛集　第一巻』岩波書店、一九九〇年、七－八頁。

(50) 同前、一〇頁。圏点は原文ママ。

(51) 丸山眞男『忠誠と反逆』ちくま学芸文庫、一九九八年、七二頁。

(52) 山田、前掲『中江兆民　翻訳の思想』、一〇〇頁。兆民のこの訳語について考察を加えているものとしては、米原、前掲『日本近代思想と中江兆民』、宮村治雄「明治パトリオティスム覚書―訳語の歴史をてがかりに」（前掲『理学者兆民』)、森、前掲「ルソーの《Citoyen》と中江兆民の「士」」、嘉戸一将『主権論史：ローマ法再発見から近代日本へ』岩波書店、二〇一九年を挙げることができる。

(53) On pourroit sur ce qui précede ajouter à l'acquis de l'état civil la liberté morale, qui seule rend l'homme vraiment maitre de lui; car l'impulsion du seul appetit est esclavage, et l'obéissance à la loi qu'on s'est prescritte est liberté. Mais je n'en ai déjà que trop dit sur cet article, et le sens philosophique du mot *liberté* n'est pas ici de mon sujet(O.C.p365 斜体は原文のママ).

(54) ①一六六。

(55) 宮村、前掲『理学者兆民』、二四頁。

(56) 同前、三四頁。

(57) ①一六六―一六七。

(58) ⑭二。読点は適宜、引用者が付した。

(59) 宇野、前掲『孟子』、九〇頁。

(60) 「浩然、盛大流行之貌。気、即所謂体之充者。【中略】養気、則有以配夫道義、而於天下之事無所懼」(朱熹『孟子集注』)

(61) ⑭二。その他に「出版ノ自由」「結社ノ自由」「民事ノ自由」「従政ノ自由」が列挙されている。

(62) 米原謙「中江兆民と明治啓蒙思想」(『下関市立大学論集』二五巻一号、一九八一年)、一二九頁。

(63) 松田宏一郎「中江兆民における「約」と「法」」(『擬制の論理 自由の不安―近代日本政治思想論』慶應義塾大学出版会、二〇一六年)、二九〇頁。

■終章

(1) 丸山眞男(著)松沢弘陽(編)『福沢諭吉の哲学 他六編』岩波文庫、二〇〇一年、三六頁。

(2) 藤田正勝『日本哲学史』昭和堂、二〇一八年、六四頁。
(3) 同前、六五頁。
(4) 丸山、前掲『福沢諭吉の哲学』、四四頁。
(5) ⑦三。
(6) 宮村、前掲『理学者兆民』、一〇頁。
(7) 兆民が「哲学」の語を用いて、皮肉にも人口に膾炙することとなったものは最晩年の『一年有半』の「わが日本古より今に至るまで哲学なし」である。しかし、同書中の「わが邦人は利害に明にして理義に暗し。事に従ふことを好みて考ふることを好まず。それただ考ふることを好まず、故に天下の最明白なる道理にして、これを放過してかつ怪しまず」と合わせて考えるならば、「理義」を明らかにし、「理義」を尊重する念に薄い日本人を嘆いていることに変わりはない。つまり、「理学」にせよ「哲学」にせよ兆民にとって大事なことは「理義」の追究であった(松永昌三［編］『近代日本文化の再発見』岩田書院、二〇〇六年、一一－一二頁を参照)。
(8) 「生性発蘊」(大久保［編］、前掲『西周全集　第一巻』)、三一頁。
(9) 大久保(編)、前掲『西周全集　第四巻』、一八一頁。
(10) 藤田、前掲『日本哲学史』、四二頁。
(11) 同前、二頁。
(12) 宮村、前掲『理学者兆民』、一八頁。
(13) 河野有理「近代日本政治思想史にとって儒教とは何か：儒学的「政体」論と歴史叙述」(『日本儒教学会報』一号、二〇一七年)、一一頁。

■補論

(1) 服部徳『民約論』有村壮一、一八七七年、凡例ノ一。

(2) 例えば井田進也は、「誠実であり、律義でもあるが、一言もって凡庸」なものとして、渡辺浩は「内容を理解しない機械的な訳であり、読者を納得させるものではない」と評する。井田、前掲「明治初期『民約論』諸訳の比較検討」一五一頁、および渡辺、前掲『日本政治思想史』、四五四頁を参照。

(3) 原田潜『民約論覆義』春陽堂、一八八三年、三頁。

(4) 明治初年の『社会契約論』の諸訳書を互いに突き合わせた先駆的な研究として、山田博雄「明治前期における“Du Contrat social”訳出の比較検討—中江兆民と服部徳の場合」(『中央大学大学院研究年報』第一九号、一九九〇年)とその続編「明治前期における“Du Contrat social”訳出の比較検討(補遺)–中江兆民と服部徳の場合–」(『法学新報』第一〇七巻第三・四号、二〇〇〇年)がある。

(5) なかでも『民約訳解』は漢文で書かれていたことが大きな要因となり、中国に留まらず朝鮮半島の知識人にも受容されていたことが確認されている。朝鮮半島における『社会契約論』の紹介(ただし第一編のみ)は、『皇城新聞』(一九〇九年)に連載された「盧梭 民約」(漢字ハングル混じり体)を嚆矢とするが、これは明らかに『民約訳解』の転載である(兆民の名はみられない)。この点については、宮村治雄「「東洋のルソー」索隠—兆民そしてトルコ・朝鮮・中国」(前掲『開国経験の思想史』)、二九七頁を参照。また、『民約訳解』と「盧梭 民約」との異同について比較検討を行った文献として、이예안「개화기의 루소『사회계약론』수용과 번역—J.J. Rousseau Du Contrat Social 에서 中江兆民『民約譯解』로 그리고『황성신문』「로사민약」으로」(『일본문화연구』제四〇집、동아시아일본학회、二〇一一年)がある。

(6) 島田虔次「中国での兆民受容」(『中江兆民全集 第一巻』月報二、岩波書店、一九八三年一二月)、四頁。

(7) 発見者である鄔国義は、「『民約通義』:上海大同訳書局初刊本的新発現及其意義」(『中華文化史論叢』二〇一一年第二期)においてその旨を報告している。なお同稿は、鄔国義(編校)、前掲『『民約論』早期訳本合編与資料彙輯』の「附録二」に収録されており、引用に際し本書ではこれを参照した。なお、徐維則『東西学書録』に載る、「上海訳書局」から出版されたとある『民約通義』は、上海大同訳書局のそれを指す。上海大同訳書局の「大同」を隠すということは、戊戌の政局に影響されたこの当時、他にも事例が認められるらしい。この点は、蒋海波「上海大同訳書局の日本翻刻書について」－『大東合邦新義』と『民約通義』を中心に－」（『孫文研究』第六八号、二〇二一年）、六一頁を参照。ちなみに、清末において黄宗羲の『明夷待訪録』は、『民約通義』と同じく大同訳書局から出版されている。この当時の大同訳書局は、二百年前の中国の黄宗羲、百年前の西洋のルソー、そして同時代の東洋の中江兆民の議論を「合流」させていたといえよう（同前、七四頁）。

(8) 狭間、前掲「中江兆民『民約訳解』の歴史的意義について」（『近代東アジア文明圏の啓蒙家たち』）における「六・留学生による「社会契約論」の重訳」（一一六－一二三頁）を参照。

(9) 代表的な中国語の研究を挙げると（日本語の文献については後述）、熊、前掲『中国近代民主思想史』、林啓彦『近代中国啓蒙思想研究－人文中国書系－』百花洲文芸出版社、二〇〇八年。

(10) 漢語の「東洋」は往々、日本のことを指す。したがって、中国の史料に現れる「東洋盧梭（騒）」は、時に「日本のルソー」を意味する場合があったかもしれない。その一方で存する「東方盧梭」の呼称は、「アジアのルソー」の謂いとして、すなわち日本語「東洋」の語感とみなしても大差ないであろう。ただし中国においても、「ルソー（盧梭）」として無批判にイメージされた兆民像に修正を施そうとする本書では、こうした地理の問題は特段重要ではない。

(11) 「革命」を志向する兆民というイメージの形成にあたっては、先に触れた彼の愛弟子・幸徳秋水『兆民先生』における次の記述が大いに寄与したであろう。すなわち秋水は、「先生の仏国に在るや、深く民主共和の主義を崇奉し、階級を忌むこと蛇蝎の如く、貴族を悪むこと仇讐の如く、誓つて之を苅除して以て斯民の権利を保全せんと期せるや論なし。【中略】古今東西、一たび鮮血を濺《そそ》がずして、能く真個の民権を確保し得たる者ある乎。吾人は宜しく自己の力を揮て、専制政府を顚覆し、正義自由なる制度を建設すべき」と証言し、自身の師を「革命の鼓吹者」として祭り上げていた（別四五一－四五二）。これに対して小島祐馬は、次のように異を唱える。

いかにもこれは過激なる思想である。もし兆民にして、はたしてかかる思想を抱懐していたとすれば、彼は確かに革命の鼓吹者となっていたであろう。しかるに幸徳がここに兆民の思想と言うているのは、すべて彼の想像であり、主観である、なんら文献の徴すべきものはない。また兆民が革命を鼓吹したという事実も見当らない。かえって反対に彼が急激な革命論者でなかったということを証する材料が多いのである（小島、前掲「中江兆民の学問と文章」、一二四頁）。

なお『兆民先生』は、一九〇三年に無錫の人・黄以仁によって『東洋盧騒 中江篤介伝』として漢訳され国学社から出版された。兆民を「革命之鼓吹者」と紹介したうえで、右記の当該箇所は「先生之在法国也、深崇奉民主共和主義、悪階級如蛇蝎、疾貴族如仇讐、誓必刈除之、以保持斯民之権利。【中略】古今東西、烏有不一濺鮮血、而能確保真正之民権者乎。吾人当各揮一己之能力、顛覆専制政府、建設正義自由之制度」と忠実に漢訳されている。なお『東洋盧騒 中江篤介伝』は、鄔（編校）、前掲書に「附録一」として収録されており、引用に際しては同書（六七〇頁）を参照した。

(12) ①一三三。なお、この序文は単行本化するにあたり新たに付され、後に『政理叢談』に転載された。

(13) ①二八五。

(14) 中江篤介「民約訳解」（『政理叢談』第三号、仏学塾出版局、一八八二年）、八八頁。

(15) 同前、九二－九三頁。

(16) 山田、前掲『中江兆民 翻訳の思想』、五四頁。

(17) ただし、「民約訳解」（『兆民文集』版）における「法朗西 戎雅屈婁騒」という原著者名の表記は、「法蘭西 戎雅屈盧騒」に改められている。

(18) 鄔（編校）、前掲書、一二三〇頁。

(19) 狭間、前掲書、一二四頁。

(20) 島田、前掲月報、二頁。

(21) 同前。

(22) 鄔（編校）、前掲書、二頁。なお、蔣、前掲論文も大同訳書局と『民約訳解』との比較を通じて、前者が後者の複写本であることを明らかにしている。
(23) 熊、前掲書、三〇七頁。
(24) 鄔、前掲論文、七〇五－七〇六頁。以降の議論については、同論文の「四、大同訳書局本与上海図書館蔵翻印本的相互関係」を参照。
(25) 同前、六九四－六九五頁。
(26) ①七六－七七。
(27) 鄔（編校）、前掲書、八頁。
(28) 同前、五四頁。
(29) 鄔、前掲論文、七〇六頁。
(30) 同前、七〇七頁。
(31) 原文は、"L'homme est né libre, et partout il est dans les fers." である。
(32) 狭間、前掲書、一八三頁。
(33) 宮村、前掲『開国経験の思想史』、二九九頁。
(34) 「今試挙盧梭民約之大経大法列之：(甲) 民生而自由者也、于其群為平等而皆善、処于自然、則常如此。【中略】(乙) 天賦之権利皆同、無一焉有侵奪其余之権利。是故公養之物、莫之能私。【中略】(丙) 群之権利、以公約為之基；戦勝之権利、非権利也。凡物之以力而有者、義得以力而奪之」(五六一頁)。なお、厳復「民約平議」は、鄔（編校）、前掲書における「盧梭伝記学説資料」部門の五五九－五六五頁に収録されている。
(35) 同前、五六二頁。なお、『社会契約論』や天賦人権に対する厳復の批判は、J・S・ミルの *On Liberty* の翻訳『群己権界論』（一九〇三年）における「訳凡例」で既に現れていた。厳復にとって「民智」を向上させ、安定した政治を実現させる「自繇」(liberty) は、ルソーのように「人は生まれながらにして自由」としてあるのではなく、自ら進んで獲得されなければならない概念として把握された（「盧梭『民約』、其開宗明義、謂「斯民生而自繇」、此語大為後賢所呵、亦謂初生小児、法同禽獣、生死飢飽、権非己操、断断乎不得以自繇論也」［厳復、前掲「群己権界論」二五五頁］）。本書の第三章も参照。

(36) 前掲、厳復「民約平議」、五六二頁。

(37) 同前、五六五頁。

(38) 「読厳幾道民約平議」に関する研究は、佐藤豊「章士釗におけるジャスティス（再論章士釗と法治）（前半）」（『愛知教育大学研究報告　人文・社会科学編』六五巻、二〇一六年）、九－一〇頁を参照。なお、厳復は Huxley の *Evolution and Ethics* を一八九八年に『天演論』と題し訳出していたことにより、既に「進化論」（天演）紹介の立役者として名高かった。

(39) 厳復が「丐詞」の誤謬に陥っているという章士釗の批判は、次のとおりである（なお、章士釗「読厳幾道民約平議」は、鄔（編校）、前掲書における「盧梭伝記学説資料」部門の五六五－五七九頁に収録されている）。「厳先生既宗赫胥黎、以天賦人権為非、於是有不得不然之断語曰：「自由平等者、法律之所拠以為施、而非云民質之本如是也」。則請問厳先生曰、既云「所拠」、必有所拠、自由平等、非天賦矣。今之法律拠以為施者、胡自而来。持論至此、惟有引英儒邊沁之語以相答曰：「一切権利、皆政府所造者也」。夫政府造之、非法律無由見、是不啻曰法律造之也。惟自由平等、既為法律所造矣、而法律復拠之以為施、此種論法、得非丐詞之尤者乎」（五七一頁）。あるいは、「厳先生慎于作界、又特致謹於丐詞、可称為吾国之邊沁、而乃適同一病、得毋文字中有因縁乎」（五七二頁）。これを要するに、自由平等が「天賦」ではないとみなす厳復の議論は、自由平等が法律によって造られ、かつ法律もまた自由平等に基づき施行されるというものであるため、厳復が論点先取に陥った誤った論法に基づきルソーを批判している、と章士釗は批判する。実際に厳復は、ミルの *A System of Logic, Ratiocinative and Inductive* の翻訳『穆勒名学』（一九〇五年）において、「丐詞」（beg the question）について、これが論理学（「名学」）において厳禁されている手法であることを独自の譬えを持ち出して次のように解説していた。「丐詞乃名学言理

厲禁。譬如天文有文昌、老人諸星、其名本人所命、乃既命之後而謂其星為文明、寿考諸応、此之謂丐詞」（「穆勒名学」『厳復全集 巻五』福建教育出版社、二〇一四年、一三頁）。

(40) 宮村、前掲『開国経験の思想史』、三〇〇頁。

(41) ①一五八。

(42) 宮村、前掲『開国経験の思想史』、三〇一頁。

(43) 鄔（編校）、前掲書、二三八頁。

(44) ①一三一－一三二。

(45) ①一九七。

(46) ⑭一〇－一一。

(47) ⑭一一。

(48) ①一三一－一三二。

(49) なお、田桐は『共和原理民約論』の冒頭に古詩を付している。そこでは「民約」の重要性を強調しつつも、結局、それは中国において実現されなかったという彼のやるせない思いがあらわれている（書き下しに際しては、狭間、前掲書、一二五－一二六頁を参照）。

民約は皇皇、光は四方を被《おお》う。哲人は云うこと遥かに、我が心を悲傷す。
民約は淵淵、流潤《うるお》すこと泉の如し。君子の心は、凡そ民の田《なりわい》。
民約は浩浩、載《はじめ》て焉に道を思う。我が樊籠《はんろう》を抉りて、生民再び造る。
民約は休休、徳を同つにし仇を同つにす。載《ここ》に北邙に陟り、鬼声は啾啾。
言《わ》れ南海を念い、我が髦士を喪う。民約成らず、命なるかな天よ。
朔風は蕭蕭として、哀鴻は嗷嗷《ごうごう》、之の子于《ゆ》き帰《とつ》がば、我が心は揺揺。
我は海東に阻まれ、滔滔として帰れず。日は扶桑を照らすも、黄鳥は依依。

彼の豺虎を相るに、其の欲は逐逐。我が同根を哀れみ、以て生み以て育む。
忠言は茶の如し、蒡言は醴《あまざけ》の如し。凡て今の人は、兄弟に如くはなし。

（50）狭間直樹「東アジアにおける〝共和〟国の誕生：辛亥革命の歴史的意義」（『孫文研究』第五一号、二〇一二年）、二三頁。

（51）狭間、前掲書、一二六頁。なお、『民約論』（上海泰東図書局、一九一五年七月一五日）版においては、谷鍾秀の「乙卯仲夏 共和之神」なる題辞が掲げられているという（未見）。

（52）原田潜、前掲『民約論覆義』、三七－三八頁。圏点は原文ママ。ただし句読点は引用者に拠り、以下も同様である。

（53）原田のルソー理解について井田進也は、誤訳や誤読というよりむしろ意図的に改変したとみなす方が自然であるという大胆な推測を、次のように開陳している。

原田訳には―秋水が兆民の文章を評した表現を用いれば―その「飄逸奇突」さのゆえに、誤訳、悪訳、拙訳、いずれの評価をもってしても収まりきらないなにかがあり、もはや凡庸の域を突き抜けて、ある種の独創性をさえ帯びてきているように思われる。兆民があの時代にルソーをあそこまで読み込んだのが独創性であるならば、原田がルソーをあそこまで臆面もなく改変したのも、ある種の独創性とはいえないだろうか。自由民権運動の最盛期として、ルソー『民約論』には金子堅太郎の『政治論略』、加藤弘之の『人権新説』をはじめ幾多の反駁書があるが、ルソーの論理をその根底から覆えした実績において、原田訳の右に出るものはなかったといってよい。（井田、前掲「明治初期『民約論』諸訳の比較検討」、一五一頁）

井田の述べるように、もし原田が『社会契約論』を戦略的に改変していたならば、その努力は成功しているといえよう。いずれにせよ、原田訳に孕むこうした問題は、後の中国の継受者たちにとって知る由もなかった。

（54）Car s'il restoit quelques droits aux particuliers, comme il n'y auroit aucun supérieur commun qui put prononcer entre eux et le public, chacun, étant en quelque point son propre juge, prétendroit bientôt l'être en tous, l'état de nature subsisteroit, et l'association deviendroit nécessairement tirannique ou vaine(O.C.p361).

(55) 鄔（編校）、前掲書、八三頁。
(56) O.C.p361-p362.
(57) 原田、前掲訳書、三九－四〇頁。
(58) 鄔（編校）、前掲書、八三頁。
(59) 同前、一一六頁。
(60) 狭間、前掲書、一一九頁。
(61) しかも「民約論」（『訳書彙編』）にあった原注（「集資設立、義同公司」と「猶云股東」）も一切の変更を加えず、継承している。どうして楊は、自身の作が「民約論」（『訳書彙編』）で抱えていた問題を克服したと誇れたのであろうか。
(62) 井田、前掲「明治初期『民約論』諸訳の比較検討」、一五四頁。
(63) 劉晴波・彭国興（編）、前掲『陳天華集』、一一八頁。
(64) 劉申叔「中国民約精義」（『劉申叔遺書 上』江蘇古籍出版社、一九九七年）、五六八頁。なお、ここにおける「社会」とは「会社」（公司）を謂う。
(65) 「由盧氏之言観之、則国家者集国人財産而成者也；君主者、為国人保持財産者也。【中略】君主既為人民尽義務、人民即与君主以権利、此君主所以有財産也」（同前）。
(66) On voit par cette formule que l'acte d'association renferme un engagement réciproque du public avec les particuliers, et que chaque individu, contractant, pour ainsi dire, avec lui-même, se trouve engagé sous un double rapport; savoir, comme membre du Souverain envers les particuliers, et comme membre de l'Etat envers le Souverain(O.C.p362).
(67) 鄔（編校）、前掲書、八四頁。傍線は引用者による強調。
(68) 同前、一三一頁。傍線は引用者による。

(69) 狭間、前掲書、一二一頁。
(70) ①一六〇。なお、この点については本書第二章も参照。
(71) ただし、蘭士が何者であり、そもそも原著（フランス語）からの訳出であったのかについても不明である。なお、当該序文には署名がみられないため、蘭士が執筆したという保障はない。したがって本書では、この序文の著者を単に記者と称する。
(72) 鄔（編校）、前掲書、二三一－二三二頁。
(73) 竹内照夫『礼記（上）』明治書院、一九七一年、三二七頁。引用に際し、適宜表記を改めた。
(74) 同前、三二八頁。下見隆雄『礼記』明徳出版社、二〇一一年、一一八頁。
(75) 溝口雄三『公私（一語の辞典）』三省堂、一九九六年、四五頁。
(76) この一節には「即ち所謂るMoi《マ》commun《マ》の意なり」と注意書きが付されていた。moi communとは、『社会契約論』の第一編第六章においてみられる語であり、社会契約によってなされる「共同化される自我」のことであった。現代日本語はこれを「共同の自我」（現代中国語では「公共的大我」）と訳す。
(77) 坂出祥伸『大同書』明徳出版社、一九七六年、一〇九－一一〇頁。
(78) 同前、一一七頁。〔　〕は坂出による注。
(79) 下見、前掲書、一二〇頁。要するに康有為は、「進化」を「進歩」の謂いとして、「大同」という未来に「進化」することの意義を強調するのであった（茅海建『戊戌時期康有為、梁啓超的思想』生活・読書・新知三聯書店、二〇二一年、三一四－三一五頁も参照）。
(80) 鄔（編校）、前掲書、五〇四頁。フランス語は原文ママ。ただし、明らかに誤植と思われる箇所については引用者が修正を施した。
(81) 「帝民説」は、原田訳に引き寄せられて「君」と「民」との間に「民約」が成立すると考えていた楊廷棟のような過ちを繰り返さないために、馬なりにルソーの思想の論旨を整理したものであった。ルソーの人民主権の要諦はここにおいて、民が帝、すなわち国家の主人であるという意味であると宣言された。一方でこうした概念は同時に「集団的専制主義」に陥るという新たな逸脱をも招き入れる余地もあった、との指摘もなされている。これについては、セリーヌ・ワン「「人民」と「社会契約」」（永見文夫・三浦信孝・川出良枝［編］『ルソーと近代――ルソーの回帰・ルソーへの回帰』風行社、二〇一四年）、三六七頁を参照。兆民はSouverainを「君」と訳したうえで、「衆人相い倚りて一体を為す」ものとして的確に理解していたが（本書第二章）、馬と同様、「集団的専制主義」に陥る可能性については一切考慮していなかった。むしろ、「民」が「君子」たり得ると考える兆民にとって、このような事態を想定すること自体、意味をなさなかったのかもしれない。ここでは、これ以上の不要な憶測を控え、『民約訳解』が孕む別の論点として今後の検討課題としたい。

（82）鄔（編校）、前掲書、二八六頁。

（83）「序」にある「上海同文訳書局」は実態のない出版機構であり、上海大同訳書局の誤記である（蒋、前掲論文、七六頁注22）。

（84）川尻文彦は、馬君武が参照にした英語版を *The Social Contract, or, Principles of Political right/ by Jean Jacques Rousseau;* translated with an historical and critical introduction and notes by Henry J. Tozer, London, 1895. であると推定している（川尻、前掲書、一六七頁）。ただし同氏は、「中江兆民『民約訳解』（一八八二年）の翻版（海賊版）である『民約通義』は康有為の『日本書目誌』の広告に見えるものの実物はなかなか発見できなかった。一九八一年、島田虔次が上海図書館で発見した」と述べているが（一六七頁）、島田が発見したもの（図書館版『通義』）と、『日本書目誌』の広告にみられたもの（大同版『通義』）は別物として捉えなければならない。当該広告に掲載されていた「民約通義」とは、当時に島田が「未見」としていた大同版『通義』の方である（島田、前掲月報、四頁も参照）。

（85）これは兆民訳に感化され、「代表の争う所の者」、すなわち「国会」の意義を強調していた『共和原理民約論』の田桐の主張とは、むろん異なる。原著を忠実に翻訳することを試みた馬からみれば、『民約訳解』も『共和原理民約論』もルソーの本旨に悖る「真の書」には到底及び得ない。

(86) O.C.p455-p456. なお訳出に際しては平岡編、前掲書、三四一頁を参照にした。

(87) 鄔(編校)、前掲書、三六六頁。

(88) 川尻、前掲書、一六二頁。

(89) 原田は『民約論覆義』の「婁騒略伝」において、「仏国前後数十年の間、婁騒の志概に及ぶ者なく、後年革命の挙、実に婁騒の自由論に基づく者は居多なり」(原漢文)とルソーとフランス革命との関係を指摘していた。それと同時に「自叙」においては、「戎雅屈婁騒の著わす所の民約論四編は、以て建国の定理、為政の大本を認めて、世道人心を維持するに足らん」(原漢文)として「世道人心」の維持如何を『社会契約論』の論点の一つとして挙げていた。

(90) 後の『革命前法朗西二世紀事』では、ルソーがフランス革命の立役者であり、その結果として悲惨な有様をもたらした人物として語られるであろう。以下を参照。「モンテスキュー、ウォルテールノ旨趣ニ出ル者ニシテ頗ル自由ノ義ニ合スル有リト雖ドモ、然ドモ平等ノ理民主ノ制ニ待テ猶ホ逕庭有リ、契約国会ニ至ルニ及ビ、ジャンジャックノ旨趣大ニ力ヲ逞クシ、余燄ノ薫灼スル所遂ニ王路易ヲ刑柵上ニ戮シ、群朝紳ヲ屠斬シ都城血ヲ灑ギ流レテ州郡ニ及ビ、更ニ全欧洲ニ汎濫シテ而テ第十九紀ノ新世界屹然トシテ実ニ其間ニ出デタリ」(⑧一七三)。

主要参考文献

日本語

飛鳥井雅道『中江兆民』吉川弘文館、一九九九年
飯田鼎「福澤諭吉と兆民・辰猪：明治思想史研究序説」（『近代日本研究』一四巻、慶應義塾福澤研究センター、一九九七年）
家永三郎『革命思想の先駆者―植木枝盛の人と思想』岩波新書、一九五五年
家永三郎『植木枝盛研究』岩波書店、一九六〇年
池田秀三（訳注）『説苑』講談社学術文庫、二〇一九年
伊故海貴則『明治維新と〈公議〉議会・多数決・一致』吉川弘文館、二〇二二年
石田雄『日本近代思想史における法と政治』岩波書店、一九七六年
石田雄『日本の政治と言葉―（上）「自由」と「福祉」』東京大学出版会、一九八九年
出原政雄『自由民権期の政治思想』法律文化社、一九九五年
井田進也『中江兆民のフランス』岩波書店、一九八七年
井田進也（編）『兆民をひらく 明治近代の〈夢〉を求めて』光芒社、二〇〇一年
伊東貴之『思想としての中国近世』東京大学出版会、二〇〇五年
伊東貴之「経世学の展開と考証学の隆盛―明末清初期から清代の学術と思想」（『アジア人物史第七巻 近世の帝国の繁栄とヨーロッパ』集英社、二〇二二年）
井上厚史「中江兆民と儒教思想－「自由権」の解釈をめぐって－」（『北東アジア研究』第一四・一五合併号、島根県立大学北東アジア地域研究センター、二〇〇八年三月）

植木枝盛『植木枝盛集　第一巻』岩波書店、一九九〇年
上村希美雄『宮崎兄弟伝　日本篇上巻』葦書房、一九八四年
内野熊一郎『孟子　新釈漢文大系四』明治書院、一九六二年
宇野精一（訳注）『孟子』講談社学術文庫、二〇一九年
王寺賢太『消え去る立法者－フランス啓蒙における政治と歴史－』名古屋大学出版会、二〇二三年
大江清一『義利合一説の思想的基盤』時潮社、二〇一九年
大久保健晴「明治エンライトメントと中村敬宇－『自由之理』と「西学一班」の間（一）（二）」（『東京都立大法学会雑誌』第三九巻第一、二号、東京都立大学法学部、一九九八－一九九九年）
大久保健晴『近代日本の政治構想とオランダ（増補新装版）』東京大学出版会、二〇二二年
大久保利謙（編）『西周全集』宗高書房、一九六〇－一九六六年
大久保利謙（監修）『明六雑誌』立体社、一九七八年
大塚淳「「三酔人」の「進化論」：中江兆民と一九世紀の「進化論」思想」（『政治思想研究』二二号、政治思想学会、二〇二二年）
岡田清鷹「『民約訳解』再考―中江兆民と読者世界」（『Core Ethics：コア・エシックス』六巻、立命館大学大学院先端総合学術研究科、二〇一〇年）
荻生徂徠「弁名」（吉川幸次郎・丸山真男・西田太一郎・辻達也［校注］『日本思想体系三六　荻生徂徠』岩波書店、一九七三年）
荻原隆『中村敬宇と明治啓蒙思想』早稲田大学出版部、一九八四年
荻原隆『中村敬宇研究―明治啓蒙思想と理想主義』早稲田大学出版部、一九九〇年
小島祐馬『中国の革命思想』弘文堂、一九五〇年
小島祐馬「中江兆民の学問と文章」（内田智雄［編］『政論雑筆』みすず書房、一九七四年）

小野泰教『清末中国の士大夫像の形成―郭嵩燾の模索と実践』東京大学出版会、二〇一八年
小原薫「あるべき政治社会の「理義」を求めて‐中江兆民の政治社会像についての一考察‐」(『北大法学論集』第四〇号、北海道大学大学院法学研究科、一九九〇年)
片山寿昭・徐水生「西周と中江兆民における東西思想の出会い―とくに「自由」の概念を中心として」(『人文学』一五一号、同志社大学人文学会、一九九一年)
勝部真長・松本三之介・大口勇次郎(編)『勝海舟全集 二〇』勁草書房、一九七三年
加藤周一・丸山真男(編)『翻訳の思想 日本近代思想体系一五』、岩波書店、一九九一年
嘉戸一将『主権論史：ローマ法再発見から近代日本へ』岩波書店、二〇一九年
何鵬挙「「理」の探索と国会：中江兆民の憲政論における政道と政体」(『相関社会科学』二四巻、東京大学大学院総合文化研究科国際社会科学専攻、二〇一五年)
苅部直『歴史という皮膚』岩波書店、二〇一一年
川尻文彦『清末思想研究―東西文明が交錯する思想空間』汲古書院、二〇二二年
菊池理夫『共通善の政治学 コミュニティをめぐる政治思想』勁草書房、二〇一一年
木下順二・江藤文夫(編)『中江兆民の世界「三酔人経綸問答」を読む』筑摩書房、一九七七年
黒住真『近世日本社会と儒教』ぺりかん社、二〇〇三年
桑瀬章二郎「例外的個人の承認の問題：ルソーの立法者の概念」(『仏文研究』二六巻、京都大学フランス語学フランス文学研究会、一九九五年)
桑原武夫・前川貞次郎(訳)『社会契約論』岩波文庫、一九五四年
桑原武夫(編)『中江兆民の研究』岩波書店、一九六六年
桑原武夫(編)『ルソー研究 第二版』岩波書店、一九六八年
小泉仰『ミルの世界』講談社学術文庫、一九八八年

小泉仰『西周と欧米思想との出会い』三嶺書房、一九八九年
高増傑「福沢諭吉と厳復－その国民観の比較について－」（源了圓・厳紹盪［編］『日中文化交流史叢書３　思想』大修館書店、一九九五年）
河野顕「孟子の政治思想の現代的意義－その〝民本〟思想を中心に－」（『政経研究』三六巻二号、日本大学法学会、一九九九年）
河野磐州伝編纂会（編）『河野磐州伝（上）』河野磐州伝編纂会、一九二三年
河野有理「近代日本政治思想史にとって儒教とは何か：儒学的「政体」論と歴史叙述」（『日本儒教学会報』日本儒教学会、一号、二〇一七年）
河野有理「「啓蒙思想」語りの終わらせかたについて（政治思想における知性と教養）」（『政治思想研究』二〇巻、政治思想学会、二〇二〇年）
小島毅『朱子学と陽明学』ちくま学芸文庫、二〇一三年
小島毅『近代日本の陽明学』講談社学術文庫、二〇二四年
小関武史「ジャン＝ジャック・ルソー、東洋のルソー、中国のルソー：東洋儒学文化圏におけるルソー受容の問題」（『仏文研究：Études de Langue et Littérature Françaises』二五巻、京都大学フランス語学フランス文学研究会、一九九四年九月）
後藤孝夫『記者兆民』みすず書房、一九九〇年
小林瑞乃『中江兆民の国家構想―資本主義化と民衆・アジア』明石書店、二〇〇八年
近藤啓吾（訳注）『講孟箚記（下）』講談社学術文庫、一九八〇年
坂出祥伸『大同書』明徳出版社、一九七六年
嵯峨隆『アジア主義全史』筑摩書房、二〇二〇年
阪谷芳直・鈴木正（編）『中江丑吉の人間像―兆民を継ぐもの』風媒社、一九七〇年

坂本多加雄『近代日本精神史論』講談社学術文庫、一九九六年
坂本多加雄『市場・道徳・秩序』ちくま学芸文庫、二〇〇七年
佐々木毅「西洋法・政治思想の初期継受－中江兆民とルソー－」（石井紫郎［編］『日本近代法史講義』青林書院新社、一九七二年）
佐藤豊「章士釗におけるジャスティス（再論章士釗と法治）（前半）」（『愛知教育大学研究報告 人文・社会科学編』六五巻、愛知教育学会、二〇一五年）
下見隆雄『礼記』明徳出版社、二〇一一年
島田虔次『中国革命の先駆者たち』筑摩書房、一九六五年
島田虔次『朱子学と陽明学』岩波新書、一九六七年
島田虔次『大学・中庸』朝日新聞社、一九六七年
島田虔次「中国での兆民受容」（『中江兆民全集 第一巻』月報二、岩波書店、一九八三年）
島田虔次『隠者の尊重 中国の歴史哲学』筑摩書房、一九九七年
島田虔次『中国の伝統思想』みすず書房、二〇〇一年
島田虔次『中国思想史の研究』京都大学学術出版会、二〇〇二年
島根県立大学西周研究会（編）『西周と日本の近代』ぺりかん社、二〇〇五年
清水多吉『西周』ミネルヴァ書房、二〇一〇年
清水稔「譚嗣同小論」（『歴史学部論集』第四号、佛教大学歴史学部、二〇一四年）
清水稔「中国の特権階級─士大夫と近代的知識人」（『鷹陵史学』四三号、鷹陵史学会、二〇一七年）
清水盛光『支那社会の研究：社会学的考察』岩波書店、一九三九年
下出民義（編）『下出隼吉遺稿』下出民義、一九三二年
下川玲子『朱子学から考える権利の思想』ぺりかん社、二〇一七年

B・I・シュウォルツ（著）平野健一郎（訳）『中国の近代化と知識人―厳復と西洋』東京大学出版会、一九七八年
蒋海波「上海大同訳書局の日本翻刻書について」―『大東合邦新義』と『民約通義』を中心に―」（『孫文研究』第六八号、孫文研究会、二〇二一年）
菅原光『西周の政治思想』ぺりかん社、二〇〇九年
杉田玄白「和蘭医事問答」（沼田次郎・松村明・佐藤昌介［校注］『日本思想体系六四 洋学 上』岩波書店、一九七六年）
杉原四郎『J・S・ミルと現代』岩波新書、一九八〇年
杉山剛『奥宮慥斎の研究―明治時代を中心にして―』早稲田大学出版部、二〇一三年
惣郷正明・飛田良文（編）『明治のことば辞典』東京堂出版、一九九八年
高瀬武次郎『日本之陽明学』鐵華書院、一八九八年
高橋昌郎『中村敬宇』吉川弘文館、一九六六年
高柳信夫「中村正直と厳復におけるJ・S・ミル『自由論』翻訳の意味」（狭間直樹・石川禎浩［編］『近代東アジアにおける翻訳概念の展開：京都大学人文科学研究所附属現代中国研究センター研究報告』京都大学人文科学研究所、二〇一三年）
竹内照夫『礼記（上）』明治書院、一九七一年
竹内照夫『四書五経』平凡社、一九六五年
田中貞夫『幕末明治期 フランス語辞書の研究』国書刊行会、二〇一二年
田中貞夫『幕末明治初期 フランス学の研究〔改訂版〕』国書刊行会、二〇一四年
譚嗣同（著）西順三・坂本ひろ子（訳注）『仁学―清末社会変革論』岩波文庫、一九八九年
辻本雅史『江戸の学びと思想家たち』岩波新書、二〇二一年
土田健次郎『儒教入門』東京大学出版会、二〇一一年
土田健次郎『江戸の朱子学』筑摩選書、二〇一四年

土田健次郎（訳注）『論語』ちくま学芸文庫、二〇二三年
都築勉「市民」（米原謙［編］『「まつりごと」から「市民」まで』晃洋書房、二〇一七年）
坪内逍遥『柿の蔕』中央公論社、一九三三年
寺尾方孝「中江兆民における「平民主義」の構想―民主主義の運動と運動における民主主（一）―（四）」（『法學志林』七四巻一号―七五巻一号、法政大学法學志林協會、一九七七年）
エディ・デュフルモン「新カント主義の先駆者としての中江兆民―「理義」から見た一八八〇年代における兆民の自由論と孟子、カント、ルソーとアレクサンダー・ベイン―」（『日本漢文学研究』一六号、二松学舎大学21世紀COEプログラム、二〇二一年）
Wm・T・ドバリー（著）山口久和（訳）『朱子学と自由の伝統』平凡社、一九八七年
冨田宏治「近代日本における「自由」の観念：「欲望」「権力」「自由」の日本思想史序説」（『関西学院大学人権研究』二巻、関西学院大学人権教育研究会、一九九八年）
富田仁『フランスに魅せられた人びと―中江兆民とその時代―』カルチャー出版社、一九七六年
R・ドラテ（著）西嶋法友（訳）『ルソーとその時代の政治学』九州大学出版会、一九八六年
永見文雄・三浦信孝・川出良枝（編）『ルソーと近代―ルソーの回帰・ルソーへの回帰』風行社、二〇一四年
中村敬宇『敬宇文』平凡社、二〇〇八年
野口良平『幕末的思考』みすず書房、二〇一七年
西周（著）菅原光・相原耕作・島田英明（翻訳）『西周 現代語訳セレクション』慶應義塾大学出版会、二〇一九年
西田太一郎（訳）『明夷待訪録 中国近代思想の萌芽』平凡社、一九六四年
狭間直樹「東アジアにおける〝共和〟国の誕生：辛亥革命の歴史的意義」（『孫文研究』第五一号、孫文研究会、二〇一二年）
狭間直樹『梁啓超 東アジア文明史の転換』岩波書店、二〇一六年

狭間直樹『近代東アジア文明圏の啓蒙家たち』京都大学学術出版会、孫文研究会、二〇二一年
服部徳『民約論』有村壮一、一八七七年
林茂『近代日本の思想家たち―中江兆民・幸徳秋水・吉野作造』岩波新書、一九五八年
原田潜『民約論覆義』春陽堂、一八八三年
樋口陽一『憲法という作為―「人」と「市民」の連関と緊張―』岩波書店、二〇〇九年
平岡昇（編）『世界の名著30 ルソー』中央公論社、一九六六年
福島正夫「三島中洲と中江兆民―兆民の新発見資料をめぐって」（『思想』六四一号、一九七七年）
福島正夫『福島正夫著作集 第一巻』勁草書房、一九九三年
福谷彬「明治の儒教的伝統と二つの国民観－井上毅と中江兆民に注目して－」（重田みち［編著］『「日本の伝統文化」を問い直す』臨川書店、二〇二四年）
藤川剛司「民に代わり議するために：中江兆民と代議制民主主義」（『国家学会雑誌』一三六巻一一・一二号、国家学会、二〇二三年）
藤田浪人『民約論 日本立法資料全集別巻 八四〇』信山社、二〇一四年
藤田正勝『日本哲学史』昭和堂、二〇一八年
前田勉『江戸の読書会 会読の思想史』平凡社、二〇一八年
ジェームズ・マクマレン（著）松田宏一郎（訳）「荻生徂徠の思想における歴史と功利―『論語』の再解釈を通じて」（『立教法学』第一一〇号、立教法学会、二〇二三年）
松沢弘陽「中江兆民の世界をたずねて：兆民研究の最近の動向」（『社會科學研究』三〇巻二号、東京大学社会科学研究所、一九七八年）
松田宏一郎『擬制の論理 自由の不安―近代日本政治思想論』慶應義塾大学出版会、二〇一六年
松永昌三『明治のバックボーン』角川新書、一九六七年

松永昌三『福沢諭吉と中江兆民』中公新書、二〇〇一年
松永昌三（編）『近代日本文化の再発見』岩田書院、二〇〇六年
松永昌三『中江兆民評伝（上）（下）』岩波現代文庫、二〇一五年
松永昌三『中江兆民と植木枝盛』清水書院、二〇二二年
松本三之介『明治思想における伝統と近代』東京大学出版会、一九九六年
松本三之介『近代日本の中国認識　徳川期儒学から東亜協同体論まで』以文社、二〇一一年
松本三之介『明治精神の構造』岩波現代文庫、二〇一二年
松本三之介『「利己」と他者とのはざまで　近代日本における社会進化思想』以文社、二〇一七年
松本三之介『明治思想史　近代国家の創設から個の覚醒まで（増補）』以文社、二〇一八年
丸山眞男「超国家主義の論理と心理」（『丸山眞男集 第三巻』岩波書店、一九九五年）
丸山眞男『忠誠と反逆』ちくま学芸文庫、一九九八年
丸山眞男・加藤周一『翻訳と日本の近代』岩波新書、一九九八年
丸山眞男（著）松沢弘陽（編）『福沢諭吉の哲学　他六編』岩波文庫、二〇〇一年
三島毅（原著）・中田勝（編）『新修 中洲講話』二松學舍、一九九七年
三島正明『最後の儒者―三島中洲』明徳出版社、一九九八年
三島正明「明治前期の思想と三島中洲」（『陽明学』第一四巻、二松学舎大学東アジア学術総合研究所陽明学研究センター、二〇〇二年）
溝口雄三『中国の公と私』研文選書、一九九五年
溝口雄三『公私（一語の辞典）』三省堂、一九九六年
源了圓『横井小楠研究』藤原書店、二〇一三年
宮城公子『幕末期の思想と習俗』ぺりかん社、二〇〇四年

宮村治雄『理学者 兆民―ある開国経験の思想史』みすず書房、一九八九年
宮村治雄『新訂 日本政治思想史「自由」の観念を軸にして』放送大学教材、二〇〇五年
宮村治雄・井田進也「アジアの思想を読む：中江兆民を中心に」（『アジア太平洋研究』四〇号、成蹊大学アジア太平洋研究センター『アジア太平洋研究』編集委員会、二〇一五年）
宮村治雄『開国経験の思想史 兆民と時代精神（増補新装版）』東京大学出版会、二〇二四年
彌留（著）西周（訳）『利学 上巻』一八七七年
ミル（著）中村正直（訳）『自由之理 リプリント日本近代文学二三六』平凡社、二〇一二年
J・S・ミル（著）関口正司（訳）『代議制統治論』岩波書店、二〇一九年
J・S・ミル（著）関口正司（訳）『自由論』岩波文庫、二〇二〇年
J・S・ミル（著）関口正司（訳）『功利主義』岩波文庫、二〇二一年
森一貫「ルソーの《Citoyen》と中江兆民の「士」－近代日本における「市民」概念－」（『阪大法学』一六四巻、大阪大学大学院法学研究科、一九九二年）
森岡ゆかり『文豪の漢文旅日記―鷗外の渡欧、漱石の房総』新典社、二〇一五年
森村進（編訳）『ハーバート・スペンサーコレクション』ちくま学芸文庫、二〇一七年
山岡浩二『明治の津和野人たち：幕末・維新を生き延びた小藩の物語』堀之内出版、二〇一八年
山室信一『法制官僚の時代：国家の設計と知の歴程』木鐸社、一九九九年
柳父章『翻訳語成立事情』岩波新書、一九八二年
柳父章「兆民はなぜ『民約訳解』を漢文で訳したか」（『國文學―解釈と教材の研究』第四九巻一〇号、學燈社、二〇〇四年
山下重一『スペンサーと近代日本』御茶の水書房、一九八三年
山下重一「西周訳『利学』（明治十年）（上）（下）－ミル『功利主義論』の本邦初邦訳－」（『國學院法學』第四九号第三・

四号、国学院大学法学会、二〇一一－二〇一二年）
山田央子『文化接触と政治思想 東アジアからの挑戦の諸相』日本評論社、二〇二三年
山田準（編）『山田方谷全集 第一冊』山田方谷全集刊行会、一九五一年
山田琢・石川梅次郎『叢書・日本の思想家41 山田方谷・三島中洲』明徳出版社、一九七七年
山田博雄「明治前期における“Du Contrat social”訳出の比較検討」（『中央大学大学院研究年報』第一九号、一九九〇年）
山田博雄「明治前期における“Du Contrat social”訳出の比較検討（補遺）－中江兆民と服部徳の場合－」（『法学新報』第一〇七巻第三・四号、中央大学法学会、二〇〇〇年）
山田博雄『中江兆民 翻訳の思想』慶應義塾大学出版会、二〇〇九年
山田博雄「中江兆民における憲法構想の一側面」（『自由民権：町田市立自由民権資料館紀要』三五号、町田市教育委員会、二〇二二年）
山田芳則『幕末・明治期の儒学思想の変遷』思文閣出版、一九九八年
横山裕人「中江兆民のフランス留学に関する新知見－リヨンの師パレとパリの師クトロー－」（『成蹊法学』九八号、成蹊大学法学会、二〇二三年）
米原謙「中江兆民と明治啓蒙思想」（『下関市立大学論集』第二五巻一号、下関市立大学学会、一九八一年）
米原謙「方法としての中江兆民：『民約訳解』を読む」（『下関市立大学論集』二七巻三号、下関市立大学学会、一九八四年）
米原謙『日本近代思想と中江兆民』新評論、一九八六年
米原謙「エミール・アコラースのこと」（『書斎の窓』第三六七号、有斐閣、一九八七年九月号）
米原謙『兆民とその時代』昭和堂、一九八九年
米原謙『近代日本のアイデンティティと政治』ミネルヴァ書房、二〇〇二年
米原謙『日本政治思想（増補版）』ミネルヴァ書房、二〇一七年

米原謙（編）『「天皇」から「民主主義」まで』晃洋書房、二〇一六年
米原謙（編）『「まつりごと」から「市民」まで』晃洋書房、二〇一七年
李セボン『「自由」を求めた儒者—中村正直の理想と現実』中央公論新社、二〇二〇年
李暁東「「改良派」梁啓超の「革命」」（『中国：社会と文化』二六号、中国社会文化学会、二〇一一年）
柳愛林『トクヴィルと明治思想史〈デモクラシー〉の発見と忘却』白水社、二〇二一年
渡辺浩『日本政治思想史 十七世紀～十九世紀』東京大学出版会、二〇一〇年
渡辺浩『近世日本社会と宋学 増補新装版』東京大学出版会、二〇一〇年
渡辺浩『東アジアの王権と思想 増補新装版』東京大学出版会、二〇一六年
渡辺浩『明治革命・性・文明—政治思想史の冒険』東京大学出版会、二〇二一年
渡瀬義男『中江兆民と財政民主主義（増補改訂版）』日本経済評論社、二〇一九年

外国語

【中国語】

坂崎斌（編）『訳書彙編』台湾学生書局、二〇〇二年
井田進也「盧梭『民約論』的坎寝命運在辛亥革命前夜的中国」（『大妻比較文化大妻女子大学比較文化学部紀要』八巻、二〇〇七年
林啓彦『歩向民主：《中國知識分子與近代民主思想》』中華書局、一九八九年
林啓彦『近代中国啓蒙思想研究－人文中国書系－』百花洲文芸出版社、二〇〇八年
劉晴波・彭国興（編）『陳天華集』湖南人民出版、二〇一一年
呂明灼・王鈞林・張佩国・権錫鑒『儒学与近代以来中国政治』斉魯書社、二〇〇四年
汪征魯・方宝川・馬勇（主編）『厳復全集』福建教育出版社、二〇一四年

鄔国義（編校）『『民約論』早期訳本合編与資料彙輯』上海古籍出版社、二〇二一年
呉光（主編）『従民本走向民主：黄宗羲民本思想国際学術研討会論文集』浙江古籍出版社、二〇〇六年
呉光（編）『黄宗羲全集』浙江古籍出版社、二〇一二年
熊月之『中国近代民主思想史』上海人民出版社、一九八六年
『厳復全集 巻二』福建教育出版社、二〇一四年
『厳復全集 巻三』福建教育出版社、二〇一四年
『厳復全集 巻五』福建教育出版社、二〇一四年
張師偉『民本的極限－黄宗羲政治思想新論－』中国人民大学出版社、二〇〇四年
茅海建『戊戌時期康有為、梁啓超的思想』生活・読書・新知三聯書店、二〇二一年
朱傑人・厳佐之・劉永翔（主編）『朱子全書』上海古籍出版社、一九九六年

【韓国語】
安炳周（안병주）『儒教의民本思想：君主・民本으로부터 民主에로의 轉換可能性의 摸索』成均館大学校出版部、一九八七年
이예안「개화기의 루소『사회계약론』수용과 번역—J.J. Rousseau Du Contrat Social 에서 中江兆民『民約譯解』로 그리고『황성신문』「로사민약」으로」（『일본문화연구』제四〇집、동아시아일본학회、二〇一一년）
임태홍「한중일 삼국의 〝사（士）〟 개념 비교 고찰—선비・신사・무사 개념의 형성을 중심으로—」（『동양철학연구』제六五호、二〇一一년）

【フランス語】
Eddy Dufourmont *Rousseau au Japon : Nakae Chômin et le républicanisme français (1874 – 1890)*, Presses Universitaires

de Bordeaux, 2018

Eddy Dufourmont *Rousseau et la première philosophie de la liberté en Asie (1874 – 1890) : Nakae Chômin,* Bord de l'eau, 2021

Alfred Jules Émile Fouillée, *Histoire de la Philosophie (DEUXIÈME ÈDITION)* Paris, Librairie Ch. Delagrave, 1879

【英語】

John Stuart Mill *On Liberty, Utilitarianism, and Other Essays*(edited with an introduction and notes by Mark Phlip and Frederick Rosen), Oxford University Press, 2015

Benjamin I. Schwartz T*he World of Thought in Ancient China,* Belknap Press of Harvard University Press, 1985

【や行】

【ら行】

【な行】

【は行】

【ま行】

【さ行】

【た行】

人名索引

■凡例
＊中江兆民（篤介）は採らなかった。
＊「あとがき」及び「主要参考文献」は対象から省いた。
＊「注」からは主な人名のみ採った。
＊原則、中国・朝鮮・韓国人名は日本語表記・日本語読みとした。
（編集部）

【あ行】

【か行】

■著者略歴

田中 豊 TANAKA Yutaka

1993年大阪市生まれ。関西学院大学法学部法律学科卒業。関西学院大学法学研究科博士課程後期課程修了。博士（法学）。専門は、日本政治思想史。現在、大阪経済大学非常勤講師、関西学院大学法学研究科研究員、ひょうご震災記念21世紀研究機構研究調査部研究員。

主要論文に、「儒学者兆民序説—『民約訳解』における「義与利果不可得合邪」を中心に—」〔第1回江村栄一記念自由民権学術奨励賞受賞〕（『法と政治』70巻4号、2020年）、「中江兆民はなぜ『民約訳解』を漢文で書いたのか？—西周『利学』との比較の視点から—」（『法と政治』73巻2号、2022年）、「中江兆民とJ・S・ミル—「東洋のルソー」における『自由論』（*On Liberty*）の思想的意義—」（『日本儒教学会報』第7号、2023年）、「横井小楠と中江兆民における「西洋」認識—民本思想から民主思想へ—」〔白山ふるさと文学賞 第40回暁烏敏賞 第1部門〈哲学・思想に関する論文〉受賞〕（『第40回暁烏敏賞入選論文』、2024年）などがある。

装丁・ブックデザイン　森 裕昌（森デザイン室）

〈叢書パルマコン 08〉

儒学者《じゅがくしゃ》 兆民《ちょうみん》

「東洋《とうよう》のルソー」再考《さいこう》

2024年12月10日　第1版第1刷発行

著　者　田中 豊
発行者　矢部敬一
発行所　株式会社創元社
https://www.sogensha.co.jp/
〔本　　社〕〒541-0047 大阪市中央区淡路町 4-3-6
Tel. 06-6231-9010 Fax. 06-6233-3111
〔東京支店〕〒101-0051 東京都千代田区神田神保町 1-2 田辺ビル
Tel. 03-6811-0662
印刷所　株式会社太洋社

ISBN978-4-422-20300-3 C0021